# 社長、本当にぼくが法務ですか？

## マンガで身につく企業法務（労務・組織）入門

［編著］共永総合法律グループ
［企画］株式会社コミックウェア
［ストーリー制作］うぐいすもち



清文社

ザッ
ザッ
うぐぐ……
ごみすててきまーす
抜……
け……
ググ
ググ…
全書
すぽん
たーっ!
おー
やったな
ぱち ぱち
ブラボー
ぱち
ぽん

起業の時に買ったまま一度もつかわ…… 抜けなかった伝説の六法全書を引き抜くとは
社長……!
今日からお前は法務担当だ!
……は?
ええーっ!
株式会社Matsuデザイン

インテリア内装のほか
主に家具のデザインと販売を行っている
Matsu Design
ムリですよ！
オレ法律なんてわかりませんし！
ありえないですよ!!
榎本新平(25)
商品管理部
入社３年目
キ
へーきへーき
ヘラッ
適当に帳尻合わせて書類かいとけばいいから
松代社長(42)
代表取締役
元デザイナー
適当にって……
書類だって書いたことないですよ！
いいんですかそれで
こまけぇこたぁいいんだよ
大丈夫だって！
清ちゃん！
ちょっと来てくれる？

御用ですか社長？
清浦恵子(29)
経理部
入社７年目
きっ清浦さん……？
一度も計算ミスをしたことがないという経理部の鉄壁メガネ……！
おおっ
鉄壁……？
じっ
あせっ
いっいえっなんでもっ！
今までは彼女に法務を手伝ってもらっていたんだ
わからないことがあったら清ちゃんに聞いてくれ
えっいやっ
だったら清浦さんに法務やってもらえばいいじゃないですか！

実際に判断を下していたのは社長よ
わたしに法律の知識があるわけじゃないわ
いや でも……
オレはこれから
デザインに復帰しようと思っているんだ
だが法律トラブルになると判断にかなり時間をとられる
彼女にも経理に専念して欲しいんだ
だから専任の法務担当が必要なんだよ
あの六法全書を引き抜いたお前ならできる!
いい経験になると思って受けてくれ!
……社長
おっ?
ヴヴヴヴ
じゃじゃああと頼むぞ!
あせっ
?

あー
もしもし？
お
予約取れた？
ＯＫＯＫ！
じゃあ女の子
たくさん確保
しといてよ！
うちの
デザイナーチームの
打ち合わせって
ことで！
え～え～
社長
……
本当に
忙しいん
ですか……
また……
あ？
法務は
大変だとは
思うけれど
よろしく
うつっ
がっ……
がんばります

# この本ができるまで

## [1]

「マンガの力を使って、わかりやすい法律解説書を、共永総合法律グループで書きたいね」

「どういう法律解説書ですか？」

「全くの法律の素人が、初めて法務に関わることになったときに、最初に読んでもらう本。法務の全般的な知識を広く薄く、読みやすく楽しく勉強してもらえるような」

「いいですね」

「グループには、弁護士、弁理士、司法書士、社会保険労務士が、しかも複数ずついて、中小企業の法務のいろんな知識が集積しているわけだから、その知識を総合的に体系建てて、曽利先生のコミックウェアのマンガで実務のイメージを持って伝えられれば、いい本ができると思うんだよね」

「マンガのついた専門知識の解説書はいっぱいありますけど、ただ解説を人が喋っている絵が付いただけのようなのが多いんですよね。私は、それではマンガにする意味がないと思うんです。専門知識によって何がどのように解決するのかという実務上のソリューションこそが、マンガストーリーになっていないと」

「なるほど。じゃ、『そうそう、こういう話、あるある！』っていう本物の実務のエピソードを集めて、それをマンガストーリーにして、解説をつける、と」

「いいですね。やりましょう」

## 【2】

「という企画なんですけど……、清文社さん、できます？」

「やりましょう」

「いいんですか？　清文社さんって、専門家向けのもっと固い本を出版される会社というイメージなんですけど」

「いえ、弊社も、マンガの専門知識解説書を出版していますよ。専門知識がない人が一冊目に読む本として、こういう本は入りやすいですよね」

「そうですね、私自身も、知らない分野についてはまず簡単な本を読みますし、マンガ付きだったらとりあえず手に取ってみますからねえ」

「これからの時代、ビジュアル・コミュニケーションは重要です。広く読んでもらえる本を出版するために、弊社もそのような方向性をどんどん探っていこうと思っています」

「よろしくお願いします！」

［3］

さて、具体的にどのような内容にしていくか、相談しましょうか。

カバーする分野の範囲は、「賃金・残業代」「解雇」「セクハラ」「労基署対応と個別労働紛争」「会社法・役員」「競業避止と秘密保持」「M＆A」「売買」「業務委託」「賃貸借」「消費貸借」「クレームと消費者保護」「独禁法と下請法」「債権回収と倒産」「知的財産」で考えているんだよね。うわあ、ずいぶん広いですね、それじゃマンガを入れると1冊じゃ無理じゃないですか。そうだねえ、じゃ、前半「管理編」、後半「取引編」の2分冊にしようか。

舞台設定は？　これだけ広範囲の法律問題が発生する可能性のある会社だから、業態としては、商品は消費者向けのオリジナル商品で、製造はOEMで、販売は卸売メインで消費者にネット通販、みたいな会社かな。デザイン家具の製造販売のベンチャー企業ってことでいこう。

登場人物は？　主人公は、読者層と合致しているといいですね。入社3年目くらいの新人法務担当者でしょうか。その主人公に対してダメ社長が法務問題を丸投げする、と。それからマンガ的にはヒロインも必要ですね。え、「萌えキャラ」が登場するってこと？　いえ、そこまでいくと変ですから、主人公を助けるちょっと先輩の女性ぐらいですかね。でも、その人が全部解決できちゃうと、ヒロインが喋っているばかりのマンガになっちゃうから、主人公とヒロインが一緒にあれこれ悩んだあとに、法律士業に相談して解決策を得るっていう流れにしましょうか。その法律士業のアドバイス部分は文章の解説にして、最後にもう一回マンガに戻って問題が解決するところを表現する、っていうのでどうですか？　なるほど、それなら、解説に書き込める内容も増えるし、ある程度体系的な記述もできるね。

そして、マンガ的には、一貫したストーリーがあったほうがいいですね。主人公が、繰り返しハプニングに遭いつつ解決しながら成長していって、一度大ピンチになるけど最後はハッピーに解決する、というような流れができるといいんですがね。え～、でも、それぞれのエピソードで起きる法律問題はバラバラで関連性はないはずだけど、そんなところまでストーリーを作り込めるの？

【4】

最後のエピソードのマンガのネームが上がってきたとき、私は思わず「うーん」と唸ってしまった。驚いた。すばらしくまとまっている。一話ずつで、「そうそう、こういう話、あるある！」というリアリティ（もちろんマンガストーリーとしてのフィクション的要素は加わっているが）とエンターテインメント性。全体で、ストーリーの一貫性、ドラマ性。読後の爽快感まである。これだけ難しい内容、制約の大きい企画で、よくぞここまでのストーリーに仕上げてくれたものだ。これは、いける！

＊＊＊

こうして、主人公榎本君とヒロイン清浦さんの愛すべきストーリー、そして共永総合法律グループの総合的企業法務ノウハウを、読者のみなさまにお届けできることを、心より嬉しく思います。書籍の性質上、法律知識の解説は網羅的・詳細とはいきませんでしたが、その代わりに、生きた企業法務の実務的なイメージとつなげて、楽しみつつ、法律知識を身につけていただけると思います。本書が広く読者のみなさまの法務に役立つことを願っております。

この場をお借り致しまして、この難しい企画を実現してくださった清文社のみなさまと、クリエイターの「うぐいすもち」さんに、心より感謝申し上げます。

また、本書のマンガ部分は、コミＰＯ製作委員会有限責任事業組合、株式会社ウェブテクノロジ・コムの企画・開発・販売によるマンガ作成ツールソフトである「コミＰｏ！」を利用させていただきました。ご関係者のみなさまに、感謝いたします。

著者を代表して
共永総合法律グループ
竹田・長谷川法律事務所
弁護士・弁理士・司法書士　**長谷川　卓也**

# 目次

## Episode 5

※当書籍の内容は平成27年2月現在の法令に基づいています。

## ◎主な登場人物

### 榎本 新平（えのもとしんぺい）

主人公。政経学部出身、25歳。入社3年目。法律に関してはド素人だが、掃除の際に、書庫に挟まっていた六法全書を引っこ抜くことができたというどうしようもない理由で法務担当にされる。

気になったことはそのままにはしておけない性格で、社長に投げられたトラブルも言われたままではなく、納得が出来るまで調べてからでないと気がすまない。実はその性格が法務担当に向いている？　のか、結果的に会社を法トラブルから救うことになる。

### 清浦 恵子（きようらけいこ）

法学部出身、29歳。入社7年目。「経理部の鉄壁メガネ」と呼ばれているほど愛想は悪いが、仕事はできる。今まで会社の法トラブルがあった場合、実質実務を行っていた。

法知識はそこそこあるものの、主に書類の処理に関する知識だけで、実際に法に詳しいわけではない。知り合いが法律事務所を開いており、書類処理などで困ったときはそこに相談している。

### 松代 大志（まつしろたいし）

株式会社Matsu（マツ）デザインの社長。40代。

家具デザイナー出身のワンマン社長。営業部長、商品管理部長と共同で出資して会社を興し、紆余曲折あったものの会社の規模を大きくしてきた。

営業や事務処理などは創業時からほぼ丸投げしてきたため、実務には詳しくない。経理の仕事が増えてきたため、清浦から法務担当を別に指名することとなり、たまたま目に付いた主人公に白羽の矢を立てる。

# エピソード1

# 新米法務、初仕事！
# 雇用契約・就業規則・労働時間・残業代

はあ……
いきなり法務やれって言われても
なにやればいいのかわからないよ……
よお
社長……！
はっはっはっ
なんだよあんまり元気ないな

やっぱりオレにはムリですよ！
あせっ
法律なんて勉強したことすらないし……
お前は
なんでも全力でやるやつだ
会社や社員が法律トラブルに巻き込まれた時
お前なら全力でフォローしてくれる
そう思えたから法務担当にしたんだ
知識なんざ後からでいい
そういう奴がいてくれるだけで
オレたちは安心して戦えるんだ
社長……
ぱあぁ
……でとりあえず
最初の仕事だ

固定残業制って知ってるか？
？
なんですか？それ……
友人の社長に聞いたんだが……
毎月決まった額を払っておけば
残業代の計算も労働時間の管理もいらなくなるすばらしい制度！
じゃ〜ん
……らしいんだ！
らしいって……
うちの会社残業時間の管理ゴチャゴチャしちゃっててさ
どうにかしてくれって清ちゃんにも怒られちゃって
それで制度を変えようと……
そういうこと！

必要な書類は清ちゃんに集めてもらってるから
あとはうまいことやってよ!
えっ……
どこ行くんですか社長?
くるっ
ふっ
オレには……オレの戦場があるんだよ
ちょちょっと
待ってくださいよ社長!
シーン
……これってようするに
もういない……
丸投げってことだよな……
ちょっとでもいい話とか思った俺がバカだった……
ああああ
榎本くん
こんなのひとりでできるわけないじゃんか……!
榎本くん

きき
清浦さん？
うわっ
言われた書類
一応持って
きたけど
たっ
助けて
くださいーー！
ああああ
固定残業制
きょ
……ですか
とん
社長が言うには
決まった額の
残業代を
払っておけば
残業時間の管理も
いらなくなるらしい
……ですけど
聞いたことは
あるけれど……
そんなだった
かしら？
うーん？

残業が多いのは営業部の連中だけど
直行直帰も多いしタイムカードも使ってないしわかりにくいですよね
そもそも社長がタイムカードの機械ダサいからって買わなかったのよ
ガクッ
社長……
そういえば
デザイン部の人たちも出勤時間まちまちですよね？
社長自身もデザイナーだから残業っていう考え方をしないのでしょうけど
はぁ
誰が何時に来て何時間働いているかわからないのは問題だと思う
かなりいい加減だからなあうちの会社……
う～ん
そのせいで

毎月みんなに確認しているから
ゴ
ゴ
いつもいつも残業代の計算に時間かかるのよ
ゴ
ゴ
経理……
怖え……
ほとんど清浦さん一人でやってるもんな……
管理職には残業代を払わなくていいことになっているけど
どの役職から管理職なのかも明確になってないわ
そんな状態で急に固定残業制に切り替えるってできるのかしら？
うーん……
確か……入社時に書類を書きましたよね？
雇用契約のこと？
それです！
残業の取決めどういう風になってます？

……とくに
取決めは
ないみたいね
だろうと
思いました
……
……
法務の相談を
されたとき
話を聞きに
行っていた
事務所があるん
だけど
これじゃ
どうやって残業代
決めればいいのか
わからないよ
あああ
事務所？
弁護士や
社労士みたいな
色々な専門家が
集まっている
総合事務所なの
マ……
マジですか？
そんな事務所が
あるなんて……！
ぱあああ
よければ
そこに
相談してみる？

**解説**

固定残業制を導入したほうがいいか、また導入するとしたら雇用契約書や就業規則をどのように変えたらいいか、というご相談ですね。

まず先に雇用契約書と就業規則がどのような意味を持つのか確認した上で、労働時間管理と残業代についてご理解いただき、固定残業制の導入が適切かどうかを考えてみましょう。

## ❶ 雇用契約書とは

雇用契約書とは、労働契約（雇用契約）を書面にしたものです。

労働契約とは、労働者が労務を提供し、使用者がこれに対する対価として賃金を支払うことを約するものです。

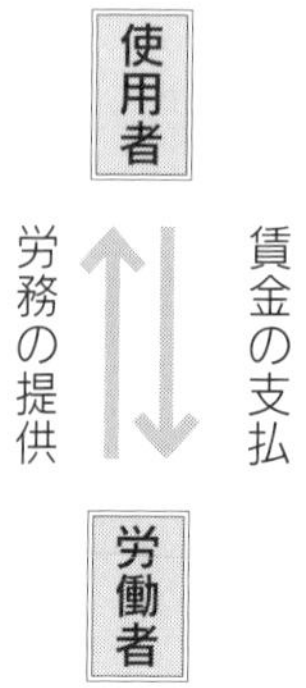


労働契約も、民法上の「契約」の一種ですから、民法の基本原則である「契約自由の原則」の適用を受けます。

しかし、一般的に、使用者側はできるだけ安い給料・少ない人数で長時間労務を提供させ、人件費を抑えて利益を上げたいと考えます。一方で労働者は、賃金という生活の糧を得るため、厳しい労働条件でも受け入れざるを得ない場合が多く、労働契約の内容となる労働条件について当事者の自由に任せておくと、労働者が重大な不利益を被る可能性があります。そこで、労働基準法（以下、「労基法」とする）をはじめとする様々な法令（これを総称して「労働法」といいます）により、労働条件等に一定の法的規制をかけ、労働者を保護しているのです。

労働契約そのものは、口頭での約束だけでも有効に成立します。しかし、使用者には、労働契約の締結の際、労働者に対し一定の労働条件を明示することが義務づけられており、賃金や労働時間など特に重要な労働条件については、書面の交付により明示しなければなりません（労基法15条）。雇用契約書の明示事項は**図**

表1-1のとおりです。

労働契約は、どのような労働条件で労使の合意が成立したのかを証す、非常に重要なものです。契約締結時だけでなく、労働条件を変更した場合も、必ず書面を交付するようにしましょう。

## ❷ 就業規則とは

就業規則は、その会社の労働条件や服務規律を文書にして具体的に定め、労使の権利義務関係を明確化したもので、会社における憲法・民法・刑法とも言うべきものです。

労基法上、就業規則の作成は、常時10人以上の労働者を使用する使用者にしか義務づけられていませんが、労使間のトラブルを未然に防ぐためにも、従業員を1人でも雇ったら作成しておくことが望まれます。

就業規則には、**図表1-2**のように記載しなければならない事項が定められているため（労基法89条）、記載事項に漏れがないように注意が必要です。

また、労働条件は、本来、労働者と使用者が対等の立場において決定すべきものですから、就業規則も、使用者が勝手に作成したものを一方的に労働者に押しつけることはできません。就業規則の作成・変更の際は、労働者の過半数組合または過半数代表者から意見を聴き（労基法90条1項）、その意見を記した書面を就業規則に添付したうえで（同条2項）、労働基準監督署長に届け出なければならず（同法89条）、作成した就業規則については、所定の方法で労働者に周知することが義務づけられています（同法106条）。

なお、就業規則の変更には原則として労働者の同意は不要ですが、就業規則に記載された労働条件の引き下げ（＝不利益変更）は無条件に許されるものではなく、その変更について一定の合理性が必要とされます。

## ❸ 雇用契約書と就業規則の内容が異なったらどうなるか

雇用契約書に定められている労働契約と、就業規則とは、どちらも労働条件を定めるものです。では、労働契約と就業規則とで異なる労働条件が定められていた場合、どちらの労働条件が適用されるのでしょうか。

この場合、「就業規則で定める基準に達しない労働

[図表 1-1] 雇用契約書の明示事項

| 絶対的明示事項（必ず明示）<br>→書面の交付による明示が必要 | 相対的明示事項（定めがある場合は明示）<br>→口頭の明示でもよいとされている |
|---|---|
| ① 労働契約の期間<br>② 就業の場所・従事する業務の内容<br>③ 始業・終業時刻、所定労働時間を超える労働の有無、休憩時間、休日、休憩、交代制勤務をさせる場合は就業時転換に関する事項<br>④ 賃金（退職手当及び臨時に支払われる賃金等を除く）の決定、計算及び支払の方法、賃金の締切り及び支払の時期に関する事項、昇給に関する事項<br>⑤ 退職に関する事項（解雇の事由を含む） | ① 昇給に関する事項<br>② 退職手当の定めが適用される労働者の範囲、退職手当の決定、計算・支払の方法、支払時期に関する事項<br>③ 臨時に支払われる賃金、賞与等に関する事項<br>④ 労働者に負担させる食費、作業用品その他に関する事項<br>⑤ 安全及び衛生に関する事項<br>⑥ 職業訓練に関する事項<br>⑦ 災害補償及び業務外の傷病扶助に関する事項<br>⑧ 表彰、制裁に関する事項<br>⑨ 休職に関する事項 |

[図表 1-2] 就業規則の記載事項

| 絶対的必要記載事項（必ず記載） | 相対的必要記載事項（定めをする場合は記載） |
|---|---|
| ① 始業・終業時刻、休憩時間、休日、休憩、交代制勤務をさせる場合は就業時転換に関する事項<br>② 賃金（臨時に支払われる賃金等を除く）の決定、計算及び支払の方法、賃金の締切り及び支払の時期に関する事項、昇給に関する事項<br>③ 退職に関する事項（解雇の事由を含む） | ① 退職手当の定めをする場合においては、適用される労働者の範囲、退職手当の決定、計算・支払の方法、支払時期に関する事項<br>② 臨時に支払われる賃金（退職手当を除く）及び最低賃金額の定めをする場合においては、これに関する事項<br>③ 労働者に食費、作業用品その他の負担をさせる定めをする場合においては、これに関する事項<br>④ 安全及び衛生に関する定めをする場合においては、これに関する事項<br>⑤ 職業訓練に関する定めをする場合においては、これに関する事項<br>⑥ 災害補償及び業務外の傷病扶助に関する定めをする場合においては、これに関する事項<br>⑦ 表彰、制裁に関する定めをする場合においては、その種類及び程度に関する事項<br>⑧ 前各号に掲げるもののほか、当該事業場の労働者のすべてに適用される定めをする場合においては、これに関する事項 |

条件を定める労働契約は、その部分については無効。無効となった部分は就業規則で定める基準による」(労働契約法12条)とされており、原則として就業規則が優先します。ただし、労働契約で労使が合意した労働条件が就業規則と異なる場合、その内容が就業規則に違反するものでなければ、労働契約で定める労働条件が適用されます。

もちろん、労働契約も就業規則も、労基法等の労働法に違反する労働条件を定めることができないのは、言うまでもありません。

| |
|---|
| 労働基準法 |
| ≦優先 |
| 就業規則 |
| ≦優先 |
| 労働契約 |

## ❹ 労働時間については法律でどのように定められているか

労働者にとって、労働契約を締結する際に最も重要となる労働条件は、「どのくらいの時間働いたら(=労働時間)いくらの給料をもらえるのか(=賃金)」ということでしょう。これらの労働条件は労働者の生活に直結するため、労基法では、様々な規制を設けて、労働者の保護を図っています。

「労働時間」とは、実際に労働に従事する時間だけではなく、準備や片付け、仕事が来るまでの待機時間(=手待ち時間)等も含め、労働者が実質的に使用者の指揮命令下に置かれている時間です。労働時間は、それによって賃金の額が決定され、また労働者の健康にも影響するため、使用者はこれを管理し把握(=算定)する義務があります。

労基法32条では、1週40時間、1日8時間という労働時間の上限(=法定労働時間)が定められています。労働者が、不当に長く会社に拘束され、私生活に支障を来したり、心身の健康を害したりすることを防ぐためです。

法定労働時間を超えて労働させた使用者は、処罰されることもあります。また、就業規則等により、始業・終業時刻や休憩時間を定める場合も、休憩時間を除く始業時刻から終業時刻までの時間（＝所定労働時間）が法定労働時間を超えないよう、注意しなければなりません。

## ❺ 休憩については法律ではどのように定められているか

休憩時間は、労働者が労働から離れることを権利として保証され、自由に利用できる時間です。労基法34条により、使用者は、原則として、労働時間が6時間を超える場合には少なくとも45分、8時間を超える場合には少なくとも1時間の休憩を与えなければなりません。

休憩は、労働時間の途中に（＝途中付与の原則）、その会社の全労働者に対し一斉に（＝一斉付与の原則）与えなければならず、その時間は、原則として労働者の自由に利用させなければなりません（＝自由利用の原則）。

なお、休憩は、連続した45分（または1時間）である必要はなく、分割して与えることもできます。また、8時間を超える労働時間が何時間であっても、1時間の休憩を与えていれば適法とされています。

## ❻ 休日については法律ではどのように定められているか

休日は、労働の義務を負わず、使用者の指揮命令から完全に離脱する日です。労基法35条により、使用者は少なくとも週1日、または4週間を通じ4日以上の休日を与えることが義務づけられています。これが法定休日です。

休日を「週1日」とする場合、どの曜日を休日とするのか定めておく必要があります。また、「4週間を通じ4日」とする場合は、就業規則等で起算日を定め、その日から始まる4週間の間で4日の休日が確保されていれば、その4日が分散していても連続していても問題はありません。

なお、週休2日の会社では、休日のうち1日が法定休日として、休日労働に対する割増率（35％以上）の適用対象となります。残りの1日は「法定外休日」といい、前述の法定労働時間を超える労働時間がある場合は、超えた時間分が時間外労働に対する割増率（25

%以上）の適用対象、それ以外の時間は通常の賃金を支払えば足ります。

## ❼ 労働時間の延長に関する労使合意「36協定」とは

1週40時間・1日8時間の法定労働時間を超える法定時間外労働、法定休日に労働させる休日労働は本来違法ですので、これに違反する使用者は処罰されます。しかし、世の中には様々な業種・業務があり、法定労働時間や休日等の規定を厳格に適用し過ぎると、逆に不都合が生じる場合があります。そこで、労基法では、一定の要件のもとに一部例外的な取り扱いをすることも認めています。

最も一般的な法定労働外時間・休日労働の例外は、いわゆる36協定（サブロク協定）によるものです。使用者が、労働者の過半数組合または過半数代表者との間で労使協定（＝36協定）を締結し、労働基準監督署に届け出ていれば、法定時間外労働・休日労働をさせても処罰を免れることができるのです（労基法36条）。

ただし、実際に法定時間外労働または休日労働をさせるためには、36協定の締結・届出だけでは不十分で、労働契約において、これらの労働をさせる可能性がある旨を明記しておく必要があります。

また、時間外労働にも**図表1-3**のとおり限度時間が定められており、36協定があるからといって無制限に労働させることができるわけではないので、注意が必要です。

## ❽ 変形労働時間制とはどのようなものか

一定の業種や業務内容においては、時期によって業務の繁閑がはっきりと分かれる場合があります。このような場合に、一定期間内で平均して1週40時間の法定労働時間が確保できる範囲内で、労働時間をある程度自由に配分をすることを認めるのが、変形労働時間制です（1か月単位の変形労働時間制（労基法32条の2）／1年単位の変形労働時間制（同32条の4）／1週間単位の変形労働時間制（同32条の5））。

変形労働時間制を適用すれば、対象期間全体の労働時間が1週40時間以内に収まる限り、忙しい時期には労働時間を長く、暇な時期には短く設定することができ、特定の日または期間については、法定労働時間を超えても違法とはならないのです。

**〈例：1か月単位の変形労働時間制の場合〉**

1週目42時間、2週目38時間、3週目36時間、4週目43時間、計159時間

159時間÷4週＝1週あたり39.75時間＜40時間

○変形労働時間制を適用しないと、1週目と4週目が40時間を超えるため違法

○1か月単位の変形労働時間制を導入していれば、1週あたり平均の労働時間は法定労働時間内のため問題なし。

通常、法定労働時間を超えて労働させた時間については時間外労働に対する割増賃金の支給が必要です。しかし、変形労働時間制を導入した場合は、法定労働時間を超過しても、あらかじめ設定した時間を超えない限り割増賃金の支給は不要となります。よって、繁閑の差がはっきりしている部署・業種では、残業代の

**[図表 1-3] 時間外労働の限度時間**　※休日労働時間は含まない。

| 期　間 | 一般労働者 | 1年単位の変形労働時間制（対象期間3か月超）の労働者 |
|---|---|---|
| 1週間 | 15時間 | 14時間 |
| 2週間 | 27時間 | 25時間 |
| 4週間 | 43時間 | 40時間 |
| 1ヶ月 | 45時間 | 42時間 |
| 2ヶ月 | 81時間 | 75時間 |
| 3ヶ月 | 120時間 | 110時間 |
| 1年 | 360時間 | 320時間 |

抑制策として一定の効果があると言えるでしょう。

しかし、変形労働時間制の導入にあたっては様々な制約があり、運用も煩雑です。また、各日または一定期間ごとの労働時間は労使協定であらかじめ定めなければならず、業務の都合によって任意に変動させることはできません。労働時間配分の見込みを誤ると、かえって残業代が増加する可能性もあり、導入の際は注意が必要です。

## ❾ フレックスタイム制とはどのようなものか

近年導入する企業が増加しているフレックスタイム制は、変形労働時間制の1つで、1か月以内の一定期間（＝清算期間）の間に所定の労働時間分労働すれば、始業・終業の時刻は労働者が自由に決めることができる制度です（労基法32条の3）。

フレックスタイム制を導入する場合は、就業規則等で「始業及び終業の時刻を労働者の決定に委ねる」旨定めたうえで、一定の事項を定めた労使協定（労働基準監督署への届出は不要）を締結する必要があります。


よく「フレックスタイム制にすれば何時間労働させてもよい」「残業代を払う必要がない」と誤解されますが、これは間違いです。フレックスタイム制であっても、清算期間ごとの総労働時間は、1週あたりの平均が週40時間の法定労働時間の範囲内に収まるように定めなければならず、実際の総労働時間が法定労働時間を超えた場合には、割増賃金の支払も必要です。当然、使用者は労働時間を把握する義務を免れることはできませんので、注意しましょう。

## ❿ みなし労働時間制とはどのようなものか

先に述べたとおり、使用者には、労働時間管理の一環として、労働時間の把握（＝算定）を行う義務があります。

しかし、業種や業務内容によっては、労働時間を正確に把握することが困難な場合、あるいは労働時間を厳格に管理するのがふさわしくない場合があります。

そのような場合に、あらかじめ「その業務に通常必要な労働時間」を定め、実際の労働時間にかかわらず、定めた時間分労働したものと「みなす」ことができるのが、みなし労働時間制です（労基法38条の2・3・4）。

みなし労働時間を「1日8時間」と定めた場合、実際に労働した時間が7時間でも9時間でも「8時間労働したもの」として取り扱います。さらに、みなし労働時間が1日8時間以内であれば、法定労働時間の範囲内のため、原則として割増賃金の支給が不要となるのです。

そのため、みなし労働時間制を適用するための要件は、かなり厳格に定められています。また、みなし労働時間制を適用したからといって、無制限に労働させてよいわけではありません。

以下のどのみなし労働時間制においても、休憩・休日・深夜業に関する規定は適用され、休日労働・深夜労働に対する割増賃金は支払う必要があります。当然、使用者は労働時間管理の義務を免れることはできません。

### ①事業場外のみなし労働時間制（例：外勤営業職など）

労働時間の全部または一部について事業場外で業務に従事し、使用者の具体的な指揮監督が及ばないために労働時間の把握が困難な場合に、あらかじめ労使協定等で定めたみなし時間分労働したものとみなすことができるものです。

みなし労働時間が1日8時間の法定労働時間を超えない限り、労使協定の届出は不要です。しかし、事業場外の労働であれば無条件にこの制度が適用できるわけではありません。携帯電話等で随時会社の指示を受けながら業務を遂行するなど、使用者が労働時間を管理することが可能な場合には、適用は認められません。

### ②専門業務型裁量労働時間制（例：新商品等の研究・開発、デザインの考案 等）

業務の性質上、業務遂行手段や時間配分の決定を大幅に労働者の裁量に委ねる必要があり、使用者が具体的な指示を行うことが困難な場合に、労使協定により定めた時間労働したとみなすことができるものです。

適用対象となる業務は、研究開発・弁護士や大学教授などの専門性が高い業務、デザイナーや放送番組・映画等のプロデューサー・ディレクター等の創造性の高い業務など、厚生労働省令及び告示で定める19の専門的業務に限定されています。詳細は厚生労働省ホームページでチェックしてください。

また、導入の際は、労使協定で所定の事項を定めた上で、労働基準監督署に届け出る必要があります。

### ③ 企画業務型裁量労働時間制

事業の運営に関する事項についての企画、立案、調査及び分析の業務であって、これを適切に遂行するにはその業務遂行方法や時間配分の決定を大幅に労働者の裁量に委ねる必要があり、使用者が具体的な指示をしないこととする業務にあたる場合に、労使協定により定めた時間労働したとみなすことができる制度です。

適用できる業種が明確な「専門業務型裁量労働制」に対し、この制度は誰にでも適用できる余地があります。そこで、所定の事項について労使委員会の委員の5分の4以上の多数による決議等を要し、一定の知識、経験を有する労働者で、かつ適用につき同意をした者でなければ適用できないなど、専門業務型裁量労働制に比べ、適用の条件は厳しく設定されています。

## ⓫「管理職には残業代は払われない」？労働時間規定の適用除外

特定の業種または業務の内容によっては、労働時間等の法的規制になじまない場合、あるいは規制することで業務に不都合が生じる場合があります。そこで、労基法41条では、以下に該当する労働者に限り、労働時間・休憩・休日に関する規定の適用を除外することを認めています。適用除外者には「時間外労働・休憩・休日労働」という概念がなくなります。

ただし、これらの者についても、深夜業と年次有給休暇に関する規定の適用は除外されません。22時から5時までの間に労働させた場合は、深夜労働に対する割増賃金を支払わなければなりませんので、注意が必要です。

### ① 農業、畜産、養蚕、水産業に従事する者

これらの事業における労働時間は、自然条件の影響

を強く受けて日々大きく変動するため、通常の時間管理にはなじみません。

② 監督もしくは管理の地位にある者（＝いわゆる「管理監督者」）

労務管理について経営者と一体的な立場にあるこれらの者は、時間管理という面でいえば、むしろ他の労働者を管理・監督する立場にあるため、労働時間等の規定の適用が除外されます。

労基法上の「管理監督者」の範囲は極めて限定的で、該当するか否かは以下のような基準で判断されます。社内での役職名にかかわらず、業務の実態で判断されるため、注意が必要です。

〈管理監督者の範囲に関する判断基準〉

○労働時間・休日等の規制の枠を超えて活動せざるを得ない重要な職務内容を有していること。
○重要な責任と権限を有していること。
○現実の勤務態様も、労働時間等の規制になじまないような立場にあること。
○賃金等について、その地位にふさわしい待遇がなされていること。

③ 機密の事務を取り扱う者

秘書など、業務上経営者または監督もしくは管理の地位にある者と行動を共にする者は、労働時間等の管理になじみません。

④ 監視又は断続的労働に従事する者

ビルの管理人など、監視を本来の業務とするものの身体的疲労や精神的緊張の少ない者、役員車の運転手・修繕係など、通常は閑散としているが業務発生に備えて待機する者などについては、使用者が労働基準監督署長の許可を得て、労働時間等の規定の適用を除外することができます。

## ⑫ 残業代はどのように計算されるか

業務の都合上、どうしても法定労働時間を超えて、あるいは法定休日に労働させざるを得ないことがあります。

適法にこれらの労働をさせるためには、前述の「36協定」の締結が必要です。さらに、労基法では、これらの労働を行った労働者に対する金銭的な補償として、使用者に割増賃金の支払を義務づけています（労基法37条）。これが、一般的に「残業代」と言われているものです。

○法定労働時間外労働→通常の賃金の25％以上

※法定時間外労働が月60時間超→超えた時間については通常の賃金の50％以上。ただし、労使協定の締結により有給休暇（年次有給休暇とは別）に代替可能。この場合、割増賃金の支給を受けるか休暇を取得するかは労働者に選択権あり（一定の要件に該当する中小企業事業主については当分の間適用されない）。

○法定休日労働→通常の賃金の35％以上

○深夜労働（22時～5時の間の労働）→通常の賃金の25％以上

なお、割増賃金の計算の基礎となる「通常の賃金」には、以下のものは含まれません。労働者の個人的な事情により金額が変動するものを含めてしまうと、労働者間で不公平となるからです。

○家族手当：扶養家族数等を基準に算出した手当

○通勤手当：通勤距離または通勤に要する実費に応じて支給される手当

○別居手当：単身赴任者など、家族と別居して暮らす者に支給される手当

○子女教育手当：子の教育費の援助のために応じて支給される手当

○住宅手当：住宅に要する費用に応じて算定される手当

○臨時に支払われた賃金：結婚手当や弔慰金など、臨時に支給される手当

○1か月を超える期間ごとに支払われる賃金：賞与など

手当の名称にかかわらず、上記以外の手当は全て割増賃金の対象になります。また、名称は上記の手当に該当しても、実際は労働者に一律定額で支払われている場合には、除外することはできません。

時間外労働に対する割増賃金（残業代）は、その月ごとに、実際に労働した時間に応じて計算し支給するのが原則です。

## ⓭「固定残業制」はどこまで有効なのか

残業代を、その月ごとに実際に労働した時間に応じて計算し支給せず、あらかじめ定めた定額の残業代を、毎月固定的に支払うのが「固定残業制」（あるいは「定額残業制」）です。

固定残業制は、非常に多く誤解されているのですが、使用者が、労働時間管理・把握の義務を免れたり、法所定の割増賃金を支払わなくてよい制度ではありません。導入する場合には、以下の要件を全て満たす必要があります。

○固定残業部分とそれ以外の賃金が明確に区別されていること。

○固定残業代として支給される額が、何時間分の時間外労働に対するものかが明確であること（時間数に法的上限はないが、36協定の限度時間（月45時間）以内とするのが望ましい）。

○固定残業代として支給される額が、法所定の割増賃金額を下回らないこと。

○実際の時間外労働時間数が見込んでいた時間外労働時間を超過した場合は、超過分の差額を支給すること（見込み残業時間を下回った場合でも減額は×）。

○上記の事項が就業規則・労働契約書等で明確に定められていること。

○基本給の減額など、労働条件の不利益変更が生じる場合は、労働者の個別の同意を得ること。

つまり、端的に言うと、固定残業制とは、法定の労働時間管理・残業代の支払は行う必要があり、その上で固定で約束した部分（法定の額を下回ることはできない）の残業代は実際の労働がなくても常に支払わなければならない、という制度なのです。

誤った固定残業制の導入をして、労働時間管理と残業代の支払を怠ると、あとから多額の未払残業代の支払を命じられる可能性もありますから、注意しましょう。

### アドバイス

固定残業制とは、法定の労働時間管理・残業代の支払は行う必要があり、その上で固定で約束した部分の残業代は実際の労働がなくても常に支払わなければならないですから、法律の専門家の意見としては、お勧めはしていません。

しかし、法律的な面はともかくとして、社員のモチベーションの維持や、採用活動の説明のためにメリットがあるとして、あえて採用する会社も少なくありません。実務上そのようなメリットはあるようなので、必ず否定をしているわけでもありません。メリット・デメリットをよく考えて、導入を検討しましょう。

導入しない場合は、労働時間の管理の方法を見直してみるとよいでしょう。適切な労働時間管理を行えば、残業もかなり減らせるものです。

---

**Column**

## 平成27年の労働基準法の改正案

平成27年1月の通常国会に労働基準法改正法案が提出され、今後の労働時間法制の在り方について議論されることになりました。

改正案の主な内容は、以下のとおりです。

① 中小企業における月60時間超の時間外労働に対する割増賃金率適用猶予の見直し

② 特定高度専門業務・成果型労働制（高度プロフェッショナル労働制）の創設

③ 年次有給休暇の時季指定権の企業への一部移行等

②については、業務内容・年収により、適用対象は非常に限定される見通しですが、①と③については、多くの会社で対策を迫られる可能性があります。

今後の動向に注目したいところです。

結局——
その結果
以前よりも
残業時間は
短くなり
残業代の負担も
軽くなった
固定残業制は採用せず
しっかりと
労働時間の管理を
することに
Matsu Design
たっ
たっ
清浦さん！
就業規則と
雇用契約書の案
まとめました！
キラ
キラ
お疲れ様
これで
残業の問題は
だいたい解決
ですかね！
書類の面では
そうね

おう
お疲れ！
よ！
社長！
今まで
どこいってたんですか……
はっはっは
細かいことは
気にするなって！
それより
助かったよ！
残業の問題
いつか整理しなきゃ
とは思ってたからな
お前を法務に
選んだのは
正解だったよ！
社長……
社長
それより
この
５枚の領収書
金額が高すぎる
ようですが
う……
打ち合わせだよ
打ち合わせ！
やだな～
も－
……間に
女性の名刺が
10枚ほど挟まって
いましたが

いったい
どのような
お店で
打ち合わせを？
ギロッ
そっ
それはねー
そのー
あははは
ははは……
はは……
榎本！
ピンチのときには
フォローしてくれ
るんだよな？
怖っ
え
えーっと
あっ
ちょっ
榎本ーー！
できるときと
できないときが
ありますっ！
無理ですっ！

# エピソード2

# えっ、ク、クビですか⁉
# 退職・正社員の解雇・契約社員の雇い止め

Matsu Design
あーっ！
こんな文字ばっかの本読んでられねーっ！
う～ん
ギシッ
あーもう！
こんなの学生時代で終わりだと思ってたのに！
ずーん
この前はなんとかなったけど
やっぱりオレに法務なんてムリだよ……

法務担当仕事だ！
あっ社長！
賀川と木島をクビにしといてくれ
カッ
えっどういうことですか？
きょとん
どうもこうもない！
あいつら何度も何度も発注ミスしやがって
とうとう先方が怒って取引中止になったんだよ！
イラ
イラ
は　はあ……
発注は木島がやってたらしいんだが
ミスが多いから賀川に毎回チェックするように言ったんだ
でもそのチェック自体もいい加減でな

おまけに何度言っても直らないんだよあいつら！
ワナワナ
賀川さん適当なとこあるからなあ
う〜ん
木島さんもうっかりが多い人だし……
てことであとは頼む
必要な書類は清ちゃんにもらってくれ
え……
そんな不安そうな顔するな
このまえもちゃんとやってくれたじゃないか
お前なら大丈夫！
社長……

足元のゴルフバッグはなんですか？
おいおい誤解すんなよ
デザインラフの紙巻いたのとか長いもの入れるのに便利なんだよ
決して遊び用に買ったわけじゃないんだよ
思いっきりガチャガチャ音してますよね？明らかにクラブ入ってますよね？
いやたまには本来の用途につかってやらないともったいなくてさ
遊び行く気まんまんじゃないですか！
じゃそういうことで！
そそくさ
ちょっ社長ー！
また丸投げかよ……
いいように使われてるだけな気がする……
それに自分だけ遊びに行くなんて……！
オレだって平日の昼間から遊びたいよ！
プルプル
榎本くん
社長のバカー！アホー！後退前頭部！
榎本くん

どわあっ!
きき清浦さん?!
書類を持ってきたんだけど
はっはい!ありがとうございます!
あ!すぐにお茶いれます!
いいから……
それより……書きかたはわかる?
全力でわかりません!
だと思ったわ……
わたしも法務は詳しくないからあまり力にはなれないわよ
はあ
そんなことないです!助かります!

取引を切られちゃったってことは
会社に損害を与えたってことになるのかな?
解雇理由はそれでいいか……
待ってその場合責任の所在が問題になると聞いたことがあるわ
そうなんですか?
はい以前デザイナーが辞めたときの書類
参考になるといいけど
スッ
ありがとうございます!
このときの解雇理由は『能力不足』かあ
あの2人も何度も社長に注意されてたようだし
社員としての『能力不足』で理由になるかな……?
この人はたしかデザイン職で採用したけど
社長の望む水準に達してなかったっていうことだったはず
単にそりが合わなかったのかもしれないけど
デザイン能力を期待して採用したデザイナーと
総合職として採用した社員で
同じ解雇理由で大丈夫かしら

それに木島さん契約社員でしょ？
正社員と同じように解雇できるのかしら？
うーん……
あ！木島さんあと1月で契約更新ですよ
次回は更新しないってことにすれば大丈夫じゃないですか？
木島さん確か3年目よね？
結構長い……ですよね？
急に契約終了にしてしまって問題ないのかしら
そ そうか……
更新ってどういう形でしてたんですか？
木島さんの契約書類あります？
ガタッ
これね
ピラッ
あれ……
それだけですか？

どうやら
最初のときにしか
書類を作って
いなかったようね
これだと
どういう条件で
更新されていたのか
わからないわ
はあ
ガクッ
しゃ
社長……
これじゃあ
揉め事に
なったとき
マズいよなあ
うーん
ただ解雇って
言っても
簡単じゃない
よなあ
どうすれば
問題なく
解決できるんだ
……?
はああ
じゃあ
この前の
事務所に
相談してみる?

解説

正社員と契約社員のミスによって取引が中止になった場合、その正社員を解雇できるか、契約社員を雇い止めできるか、というご相談ですね。まずは、従業員と会社の法律的関係について整理した上で、正社員の解雇と懲戒、それから契約社員の地位と雇い止めについて考えてみましょう。

## ❶ そもそも「正社員」「契約社員」「パート」「バイト」って何が違う？

従業員と会社の関係は、労働契約の内容によって違ってきます。では、いわゆる「正社員」「契約社員」「パート」「アルバイト」という区分で、従業員と会社の関係はどのように変わってくるのでしょうか。

実は、「正社員」「契約社員」「パート」「アルバイト」という区分は、法律的区分ではないので、この中のどれで採用されたかによって会社との関係を一律に判断することはできません。

法律上の区分は、**図表2**のとおり、①労働契約に期間の定めがあるか、②一週間の所定労働時間が通常の労働者よりも短い、または労働日数が少ないか（いわゆる「パートタイム労働法」の適用の有無が違ってくる）

[図表 2] 従業員と会社の関係

| | 通常の所定労働時間 | 所定労働時間が短い、または労働日数が少ない |
|---|---|---|
| 労働契約に期間の定めがない | 通常「正社員」と呼ばれる | 「パート」「アルバイト」が多いが、「正社員」の場合もある |
| 労働契約に期間の定めがある | 「契約社員」が多いが、「アルバイト」の場合もある | 「パート」「アルバイト」が多いが、「契約社員」の場合もある |

です。社内での呼び名にかかわらず、労働契約の内容で、従業員と会社との関係を正確に判断しましょう。

今回のケースで、「正社員」の賀川さんは「労働契約に期間の定めのない、通常の所定労働時間」の従業員で、「契約社員」の木島さんは「労働契約に期間の定めがある、通常の所定労働時間」の従業員に該当するので、それに基づいて話を進めます。

なお、この後の「正社員」についての話は、「労働契約に期間の定めがない、所定労働時間が短くまたは労働日数が少ない」従業員（多くはパート・アルバイトと呼ばれている）にも当てはまります。また同様に、この後の「契約社員」についての話は、「労働契約に期間の定めがない、所定労働時間が短くまたは労働日数が少ない」従業員（多くはパート・アルバイトと呼ばれている）にも当てはまります。

## ❷ 退職・解雇にはどのような種類があるか

さて、「いくら教えても、ちゃんと仕事をしてくれない」というのは、多くの経営者や管理職が抱える悩みです。松代社長も、ミスを繰り返す社員に、とうとう堪忍袋の緒が切れました。

そのようなときに、「辞めさせたい」と思うのは自然に起こる感情なのですが、社員が会社を辞めるということはどのようなことなのか、整理してみましょう。

社員が会社を辞める時、理由は大きくわけて二つあります。

一つは、社員自身が「辞めたい」と言い出すことで、自己都合退職と呼びます。社員の意思で辞めるので、多くの場合大きな問題は起こりません。

もう一つは、会社の意思で社員を辞めさせることで、解雇と呼びます。いわゆる「クビ」です。社員の側は会社を辞めたいと考えていないことが多く、社員の意思に反して行われる解雇はトラブルが生じやすくなります。

会社の意思で社員を辞めさせる解雇は、状況や対応方法によって三種類に分けられます。

### ① 整理解雇

悪化した経営状態を立て直すため、余剰人員を整理することを整理解雇と呼びます。

とはいえ、これは業績が悪化したからと言って必ず行えるものではなく、次の要件を満たす必要があります。

① 人員整理を行う必要性があるか
② 整理解雇以外の方法を選ぶ努力をしたか
③ 解雇対象者の選び方に合理性があるか
④ 整理解雇を行うことを、十分に協議説明したか

「整理解雇の四要件」と呼ぶこれらの要件を全て満たす必要がある整理解雇は、ハードルが高いのが特徴です。

## ② 懲戒解雇

極めて悪質な規律違反や非行を行った社員に、懲戒処分として行われる解雇を、懲戒解雇と呼びます。

懲戒処分とは、会社が社員に与える罰です。職場は、さまざまな価値観を持つ人が集まって成り立ちます。そのような職場で秩序を維持するためには、規律が必要ですが、秩序を乱した人に与える懲戒処分には、罪の重さによっていくつかの種類があります。

① けん責
始末書を提出させて、将来を戒めること
② 減給
賃金を一定額差し引くこと
③ 降格
役職や職位を引き下げること
④ 出勤停止
社員の就労を一定期間停止すること
⑤ 懲戒解雇
社員を辞職させること

これら五つの懲戒処分のうち、①〜④の各処分と⑤の懲戒解雇には大きな違いがあります。①〜④の懲戒処分では、処分の後も社員は会社に所属し続けますが、懲戒解雇は社員を会社から追放してしまう、という点です。

解雇された社員は、翌日から生活のための収入を断たれることとなるので、懲戒解雇は五種類の処分の中で最も重い懲戒処分、つまり極刑なのです。

それほどの罰を受けるということは、社員の不始末もそれに見合うほど重いものでなければならず、そう簡単には行えません。

懲戒解雇を含む、懲戒処分を行うには、根拠となるものが必要です。多くの場合、就業規則で懲戒解雇の対象となる事由を定めています。

●他の社員に対し、暴力・脅迫を加える
●最終学歴や職歴など、重要な経歴を偽る
●セクハラ、パワハラを行う
●会社の金銭や物品を横領する
●取引先などから賄賂を受ける
●その他

これらの例を見てもわかるように、会社から追放されるほどの行為は、相当に悪質なケースに限られます。

### ③ 普通解雇

整理解雇や懲戒解雇以外の解雇を、普通解雇と呼び、次のような事由が該当します。

●身体や精神の障害で、業務に耐えられないとき
●能力不足や勤務成績不良で、就業に適さないとき
●勤務態度が悪く、注意しても改善しないとき
●協調性がなく、他の社員に悪影響を及ぼすとき
●その他

懲戒解雇と異なり、社員が特別何か悪いことをしたということではなく、社員が働ける健康状態にない、仕事を遂行する能力がない、といった事由が挙げられます。

今回のケースで松代社長が解雇したいと言っている二人の社員は、この普通解雇に該当します。

## ❸ 正社員はどのような場合に解雇できるか

日本では、正社員の解雇は難しいと言われています。なぜでしょうか?

労働契約法16条では、次のような規定があります。

「解雇は、客観的に合理的な理由を欠き、社会通念上相当であると認められない場合は、その権利を濫用したものとして、無効とする」

一読しただけではわかりにくい条文ですが、解雇が有効かどうかを判断するポイントは二つある、ということを言っています。

### ①客観的に合理的な理由

解雇の理由がどこにあるのか、という点が問題となります。具体的には、就業規則や個別の労働契約などによる事前の約束事が、会社と社員との間にあることが、客観的に合理的な理由となります。

### ②社会通念上の相当性

一般的に見て、解雇という処分が社員の行為に対して厳しすぎないか、という判断です。先に触れたように、解雇は社員を会社から追放する罰です。ほとんどの会社員は仕事の収入で生活していますから、解雇は生活を脅かす重大な出来事です。社員の行為が、経済的損失の大きい解雇の対象となるほどなのか、という判断が、社会通念上の相当性です。

これ以外に、法律で解雇を制限しているケースがあります。

---

- 業務上の傷病で休業している期間と、その後の30日間
- 産前産後で休業している期間と、その後の30日間
- 国籍、信条、社会的身分を理由とするもの
- 社員が労働基準監督署に申告したことを理由とするもの
- 労働組合の組合員であることを理由とするもの
- 労働組合の正当な行為をしたことを理由とするもの
- 女性であること、女性が婚姻、妊娠、出産したこと、産前産後の休業をしたことを理由とするもの
- 社員が個別労働紛争の解決を求めたことを理由とするもの

※個別労働紛争については**エピソード4**をご覧ください。

- 公益通報をしたことを理由とするもの
- 裁判員となり、裁判員の職務を行うために休暇を取ったことを理由とするもの

## ❹能力不足を理由として正社員を解雇できるか

今回の事例について、まず正社員の賀川さんから考

えてみましょう。能力不足を理由に正社員を解雇できるのか、という点が論点です。

●発注ミスを繰り返し、指導したにも関わらず改善しなかった

●その結果、取引先を失った

これが、賀川さんを解雇しようと松代社長が考えた理由です。このケースを、解雇の有効性を判断する二つのポイントに当てはめてみましょう。

## ① 客観的に合理的な理由

マツデザインは、就業規則を作成しているので、解雇の規定を設けていると考えられます。このポイントはクリアしていると判断できるでしょう。

## ② 社会通念上の相当性

発注ミスを繰り返したことは、解雇できるほどの能力不足と言えるのでしょうか。

この問題を考えるときは、その社員のポジション（立場）を考慮することが重要です。多くの会社員は、「ゼネラリスト」として採用されています。ゼネラリストとは、特定の業務のみでなく、さまざまな業務を行うことを前提として採用されている社員です。会社は、総務や経理、マーケティング、製造、開発など、いろいろな部署から成り立っています。総合職として採用される社員は、会社全体の業務を把握できるように、さまざまな部署の業務を経験しながら数年ごとに異動することがあります。このようなやり方は日本の会社に多くみられ、長期雇用システムの特徴でもあります。この方式のポイントは、仕事のやり方は会社が社員に教える、という点です。業務の遂行方法や会社のシステムを理解していることを、採用の前提条件としていないのです。

反対に、特定の業務のみを行うために採用された社員を「スペシャリスト」と呼びます。スペシャリストを採用する際は、特定の業務を遂行する能力がすでにあることが前提となります。例えば、株式公開を目指す会社がＩＰＯの専門知識を持つ人を採用し、株式公開のための業務を行う部署に配属する、新商品開発のためにその分野の専門家を採用する、などです。その

社員の専門分野にかかわる業務だけを行う労働契約を締結しているケースが、スペシャリストです。専門性のある社員であっても、専門以外の業務も行う場合はゼネラリストと同じ扱いになります。

ゼネラリストであれスペシャリストであれ、能力不足で業務を任せられないというケースは発生し得ます。マツデザインでは、デザイナーがスペシャリストとして採用されています。彼らは、家具のデザインだけを行う労働契約を締結しており、デザイン能力が会社の求めるレベルに満たない場合は解雇される可能性があります。

しかし、ゼネラリストの場合は、同じ判断ができません。特定の業務遂行能力が劣っていたとしても、他の業務はこなせるかもしれないのです。まずは、他の業務へ異動（配置転換）させることを、検討しなければなりません。

ただし、例外もあります。社員が少ない小規模事業（10人未満）の場合、配置転換できる仕事が存在しないこともあります。その場合は、上記の判断が必ずしも適用されるわけではありません。重要なのは、社員の採用段階でどのような労働契約を締結していたのかということです。

もう一つ重要な点は、仕事上のミスをしたときに、会社がどのような指導を行ったのかが第三者にもわかる形になっていることです。具体的には「始末書」という形で指導の記録を残します。社員に始末書を書かせるのは、けん責という懲戒処分です。このように、処分の内容を就業規則に明記しておくことも必要です。松代社長はこれまで始末書を提出させていないので、指導したという客観的な記録がありません。そのような社員を解雇すると、第三者には、一度のミスを理由に解雇していると判断されてしまいます。

以上の点から、この社員を解雇することは、社会通念上の相当性がないと言えます。発注ミスを繰り返した賀川さん（正社員）を能力不足で解雇することは、やりすぎと判断されます。

## ❺ 解雇の手続き、特に解雇予告について

参考までに、解雇する場合はどのような手続きを踏

まなければならないか、特に解雇予告について、説明しておきましょう。

　社員を解雇する場合、30日以上前に解雇することを予告しなければいけません。

　しかし、状況によっては、もう明日から会社に来てほしくない、ということもあるでしょう。その場合、最低30日分の平均賃金を支払うことで、予告した日を退職日とすることができます。平均賃金とは、一日分の賃金とほぼ同じです。

　または、解雇の予告から30日を待たずに、引き継ぎが終わったらすぐに退職日としたいケースもあります。例えば、4月30日付で解雇することを、4月1日に予告し、4月10日まで引き継ぎ作業をしてもらう場合、4月11日から30日まで20日分の解雇予告手当を支払う必要があります。解雇予告手当は、解雇の日までに支払わなければいけません。

　ただし、解雇予告手当を支払わなくてもよい例外があります。

---

## ①解雇予告無しで解雇可能な社員

●日々雇い入れられる人（日雇い労働者）
ただし、1か月を超えて引き続き使用される場合は、解雇予告手当が必要です。
●2か月以内の期間を定めて使用されている人（期間労働者）
ただし、契約期間を超えて引き続き使用される場合は、解雇予告手当が必要です。
●季節的業務に4か月以内の期間を定めて使用される人（季節労働）
●試用期間中の人
ただし、14日を超えて引き続き使用される場合は、解雇予告手当が必要です。

## ②会社が労働基準監督署に申請する場合

●天変事変その他、やむを得ない理由で事業の継続が不可能となった場合
●社員の責に帰すべき事由によって解雇する場合
↓会社内で窃盗や横領を行った

↓職場の風紀を乱す行為があった
↓採用の判断に影響するほどの経歴詐称があった
↓2週間以上、正当な理由無しに無断欠勤し、出勤の督促に応じない
↓遅刻、欠勤が多く、何度注意しても改まらない

これらのケースで解雇予告無しに解雇する場合は、労働基準監督署に申請し、認定を受けなければなりません。労働基準監督署は、会社の意見だけでなく社員の言い分も聞くので、判断が出るまでに少し時間がかかります。

## ❻ 契約社員はどのような場合に雇い止めできるか

続いて、契約社員の木島さんのケースを考えましょう。

契約満了の契約社員に会社を辞めてもらうことを、雇止めと呼びます。契約社員は、労働契約終了のタイミングがあらかじめ決められているので、その時点で契約が終了して辞めてもらっても、何も問題にならないのが原則となりそうです。

そのため、榎本君は、あと一か月で木島さんの契約が終了するなら、次回更新しなければ円満に解決できると考えました。しかし、本当にそれでよいのでしょうか。

木島さんの雇用契約は、契約更新を繰り返して、既に3年経過しています。契約社員の契約期間は、1～6か月単位で行われることが多いので、木島さんの契約更新は数回行われていると考えられます。

契約更新が繰り返されると、契約社員は、会社に対して契約の継続性に期待を持ち、生活もそれを前提とした生活になっていきます。会社としても、継続して在籍する社員として、正社員と変わらないような働き方になってくるでしょう。そのため、労働法及び判例上、契約更新が繰り返された契約社員については、だんだん正社員と同様の保護が与えられるようになってきます。契約の更新拒絶は、会社側からの労働契約の終了として、先に述べた正社員の解雇と同じような正当事由、つまり①客観的に合理的な理由、②社会通念上の相当性が必要とされるようになってきます。

契約社員が正社員と同視される条件には、以下のようなものがあげられます。

### ①契約更新の回数

- 3回以上更新している
- 1年以内の契約期間を更新し、最初の契約から通算1年を超えている
- 1回の契約期間が1年を超えている

1回の契約期間が1年を超えていると、それまでに契約の更新が発生していなくても、契約期間の長さから正社員と同じだと判断される場合があります。

### ②契約更新の期待を持たせる言動

最初の契約時は契約書を作成していても、その後の契約更新を口頭で済ませるケースがあります。会社と社員、お互いが納得していれば口頭での契約更新も有効なのですが、どのような条件で契約を更新したのか記録が残らないので、契約が満了したときに更新する予定があるのか、後で問題にならないよう決めておくことも重要です。

木島さんのケースのように、3年も契約更新し続けているのに、次回どうするか決めていないと、次も更新できるかも、という期待を社員に持たせてしまいます。社長や上司が「特に問題なければ更新するよ」といったことを気軽に言ってしまっているケースも多く、契約が更新されなかったときに問題となることもあるため、日ごろの契約社員への接し方に気を付ける必要があることがわかります。契約更新の可能性を示唆する、不用意な言動は要注意です。特に、人事担当者の目が届きにくい、直属の上司の発言には気を付ける必要があります。

なお、会社の経営状況や仕事の有無によっては、契約期間中に契約を終了させたいと考えることもあります。この場合は雇止めではなく解雇です。しかし、この場合、正社員と同様の解雇の正当事由が求められることは当然ですが、さらに、正社員よりも雇用が不安定になりがちな契約社員を解雇するのは、よほどのことがない限り無効、と判断されてしまいます。契約社員は、契約満了で雇止めできるようにすることが最善

です。

## ❼ 契約社員との労働契約書作成ではどのような点に気をつけるか

今後のためですが、雇止めをする際に問題とならないよう、契約社員との労働契約書では、契約更新の有無と基準を明確にしておくことが重要です。

**〈契約更新の有無の例（選択制）〉**

- 自動的に更新する
- 更新する場合があり得る
- 契約は更新しない

明確に更新しないことが決まっている場合以外は、「更新する場合があり得る」と明記します。そして、更新する場合、どのような判断で行われるのかも明記します。

- 契約期間満了時の業務量により判断する
- 社員の勤務成績、勤務態度により判断する
- 社員の能力により判断する
- 会社の経営状況により判断する
- 従事している業務の進捗状況により判断する

## ❽ 契約社員を正社員に転換する義務がある？

さらに、契約社員については、「契約社員の無期契約への転換」というものがあることを知っておきましょう。

これは、平成25年4月1日から始まった新しい制度です。契約社員の契約期間が通算して5年を超え（平成25年3月31日以前の契約は含みません。平成25年4月1日以降に始まった雇用契約が対象です）、契約社員が無期契約に変更してほしいと申し出てきたら、無期契約に切り替えなければならない、というものです。この制度改正の根底には、5年を超えて長期にわたって働くということは正社員と変わらないのではないか、という考え方があります。

正社員への転換義務は、社員が望んだ場合のみです。社員が契約社員であり続けることを望めば、そのままで構いません。

## ❾ 違法な解雇や更新拒絶をすると何が起こるのか

違法にも関わらず、無理矢理に解雇や雇止めをすると、無効とされて、会社と従業員との間には雇用関係が残ったままになります。当然、紛争に発展するでしょう（個別労働紛争の具体的手続きについては**エピソード4**参照）。紛争の間、従業員は会社に来なくなりますが、もし無効な解雇や雇止めを会社が宣告したことが理由だとすると、欠勤の責任は会社側にあるので、労働の提供は受けていないにもかかわらず給与の支払義務は継続します。本人が復帰を希望すれば会社は復帰させなければならず、また本人が退職するにしても、数か月分の給与に相当する損害賠償が必要になるでしょう。

従業員に会社を退職してもらう場合には、正当理由がなくて解雇・雇い止めが違法となる場合はもちろんのことですが、たとえ解雇・雇い止めができる場合であったとしても、紛争を避けるため、できるだけ説得して、合意の上で退職してもらうようにしてください。

---

### アドバイス

結論としては、正社員の賀川さんについては、能力不足によるミスが繰り返されていたとしても、いままで改善のための措置がなされていなかったとすると、今回のミス一発だけで解雇する正当事由になるとは言えませんから、解雇は無効になるでしょう。契約社員の木島さんについては、契約更新が繰り返されているので、更新拒絶には正当な理由が必要になり、これも賀川さんと同様、いままで改善のための措置がなされていなかったとすると、今回のミス一発だけで更新拒絶の正当事由になるとは言えないので、更新拒絶は無効になるでしょう。

では、この場合どうしたらよいのでしょうか。まず他の懲戒処分をして改善を促し、それでも何度でもミスが繰り返されるようなら解雇・雇い止め、と進む方法も考えられます。しかし、能力上の問題であれば、懲戒処分をしても業務上のミスが繰り返される可能性はあまり変わらないかもしれません。発注業務ではない、顧客と直接関わらない部署へ異動させるのが最善かと思われます。

それが難しくて、どうしてもやめてほしければ、よく話し合って、説得するほかないでしょう。

なお、今後、契約社員の契約更新は、漫然とするのは危険ですのでやめましょう。雇用契約書の更新など、手続きをよく整備してください。

結局――
正社員の賀川さんは商品管理部へ異動
契約社員の木島さんは説得して契約満了してもらった
Matsu
お疲れ様
うーん なんとかなったのかな……
おう!
よくやってくれた
社長!
おかげでいいスコアが……
じゃなかった 問題が円満に解決できたよ!
めでたし めでたし
思いっきり遊んでたんじゃないですか……

いやぁ
はっはっ
はっはっ
はっはっ
お前を法務にして正解だったな！
そんなさんざん遊んだ後の格好で言われても……
やっぱり就業規則は大事ですね
普段からちゃんと手順踏んでおくようにしましょう
契約社員も更新のたびにちゃんと書類を作りましょう
毎回書類を残しておけば余計なトラブルを回避できますから
うっ……
そっそうだな！
ぽん

ってことで
その契約社員のなんちゃらの書類頼むな！
さわやかな笑顔でさらっと丸投げしないでください！
ぐっ
今度ラーメンおごるからさ！
そこ社員に投げるところじゃないですよ！
あとせめて焼肉にしてくださいよ！
あーいそがしいいそがしい！
そそくさ
社長ー！

# エピソード3

# 部長、またやっちゃった!! セクハラ・パワハラ・メンタルヘルス

明日――
土曜日なのに悪いけど
会えない？
まさか……
清浦さんのほうから誘いが来るなんて……！
ググ
これはもしかして……！
ドドドドドド
以前
清浦さんを口説きに行った連中が……

いいか 榎本……
こういうのは 勢いが大事 なんだよ
わかって ねえな……
大事なのは ムードだよ ムード！
真心が 通じれば
言葉なんて いらないのさ
バカな……！
轟沈
営業部のイケメン部隊が全滅だと……
すた
すた
おかげで ついたあだ名が
『経理部の 鉄壁メガネ』
その 清浦さんが……
ドキ
ドキ
『俺に 会いたい』 だと……！
来た？ もしかして これ来た？
ガチャ
清浦さん！ 榎本ただ今 参上いたしましたっっっ！

あ
榎本くん……
あれ？笹原さん？
あっあの休日なのにごめんなさい……
彼女がしばらく休んでいたのは知っているでしょう？
その件について話があるの
ってことは
話っていうのは法務がらみ……？
……ほかになんだと思ったの？
ガクッ…
……ですよねー

榎本くんは彼女と同じ商品管理部にいたのよね？
はい……だいたいの話は聞いてます
商品管理部のみんなで飲みにいって
部長が酔っ払って笹原さんに抱きついてキスを迫ったたって
部長酒癖悪いしなあ……
う～ん
笹原さん気弱そうだし部長とじゃ合わないよなあ
それですごくびっくりして……
怖くて眠れなくなってしまって
会社にもいけなくなって……
それで私のところに相談に来たの
なるほど……

えっと じゃあ
休業の扱いで いいのかな？ それとも有給？
確か 書類が ここに……
待って
なにを 聞いていたの？
これは セクハラでしょ？
ええっ？
こんなの うちの会社だと よくあることじゃ ないですか
セクハラなんて 大げさじゃ……
大げさ？
ビクッ

抱きついたり
キスを迫ったりが
大げさ……？
いっいやっ
そうじゃなくて
……
そのせいで
彼女が働きにくく
なっているのよ
ゴゴゴ
このままでは
何度でも
同じ事が起こる
会社として
きちんと対応すべき
問題じゃないの？
ひぃぃ
清浦さん
怖え……！
わたし
会社に戻りたい
です
しゅん
だからちゃんと
セクハラとして
対応してほしい
です
でっでも
セクハラか
どうかって
どうやって
判断したら
いいか……

他にも同じことされた人いるけど
誰も気にしてないし
なにがセクハラになるかは
された人がどう感じるかではないの？
それだと本人がセクハラって言ったからセクハラだ
ってことになってしまわないですか？
だいたい笹原さんもイヤならイヤってはっきり言わないと
そんなだから部長も調子にのっちゃって……
はぁ
ごめんなさい……
あっいやっ
笹原さんが悪いとかそういうわけじゃ……
ひぃぃぃ
ゴゴゴゴ…

あっ あと 今回の出来事って会社の中じゃなくて
飲み会の最中に起きたんだよね？
はは はい……
業務中とそうじゃない場合で
同じように扱っていいのかなあ……
あーっ もう！
頭 こんがらがってきた
ぐぁああ
ふぅ
それじゃあ
いつもの事務所に相談してみる？

解説

今回の件はセクハラにあたるのか？　またどのように対処したらよいか？　というご相談ですね。まずは、何をもってセクハラというのかご説明し、会社としてはどのような対処をしたらよいかについて考えてみましょう。

## ❶ セクシュアル・ハラスメントとは

セクシュアル・ハラスメント（以下「セクハラ」といいます）とは、文字どおり「セクシュアル」つまり「性的な」、「ハラスメント」つまり「いやがらせ」『相手の意に反する言動」です。

性的な言動としては、

●性的な事実関係を尋ねること
●性的な内容の情報（噂）を流布すること
●性的な冗談やからかい
●食事やデートへの執拗な誘い
●個人的な性的体験談を話すことなど

があげられます。

また、性的な行為としては、

●性的な関係を強要すること
●必要なく身体へ接触すること
●わいせつ図画を配布・掲示すること

があげられます。

セクハラの行為者には、事業主、上司、同僚に限らず、取引先、顧客、病院における患者や、学校における生徒などもなり得ます。

セクハラの対象は、男性労働者から女性労働者へのセクハラのみならず、女性労働者が男性労働者に行う場合や、同性に対して行う場合も含まれます。例えば、女性社員同士で、独身男性社員に結婚しない理由について問いただしたり、男性上司が部下である男性社員に対して、宴席で裸踊りをするように命じることなどもセクハラに該当します。

## ❷ 受け手が嫌と言えば全てセクハラになってしまうのか？

セクハラについてまず起きる疑問は、どんな軽微な行為でも、本人が嫌と言ったら全てセクハラになってしまうのか、という疑問です。

実は、「セクシュアル・ハラスメント」という用語の意味は、ひとつではありません。それが使われる場面によって意味が変わってくるのです。

一般に「セクハラはやめましょう」という場合の「セクシュアル・ハラスメント」とは、社会的・道義的見地から非難されるべき、相手の意に反する性的言動です。この場合の「セクシュアル・ハラスメント」とは、相手が嫌と思えば、全てセクハラになります。「相手の嫌がることはやめましょうね」という、小学生でも習う道徳です。

しかし、職場のセクハラとして法律問題になる、雇用管理概念としての「セクシュアル・ハラスメント」や、民法上で不法行為として損害賠償請求権を発生させる「セクシュアル・ハラスメント」、あるいは刑法上で犯罪となる「セクシュアル・ハラスメント」は、これとは違ってきます。

雇用管理概念としてのセクハラには、懲戒処分などの効果が伴います。その他の法律上問題になるセクハラも、損害賠償義務や刑事罰などの効果が伴います。これらの「セクシュアル・ハラスメント」については、処分等の効果が与えられるに相当するセクシュアル・ハラスメントであるかどうかの判定のために、合理的な一線を引く必要があります。そこで、一定の客観性が必要になってくるのです。この場合、次のような基準により判断されます。

●被害を受けた労働者が女性の場合には「通常の女性」の感じ方、男性の場合には「通常の男性」の感じ方を基準にして、その意に反する行為があるか。ただ、何が「通常の女性」「通常の男性」かは、なかなか難しいところもあります。また、女性が通常不快と感じる言動であれば、本人が明確に拒否せず、応じたり受け流した場合でもセクハラ成立の可能性があることに注意が必要です。逆に、行為が軽微でも、本人が不快であると意思表示しているのに性的言動が繰り返される場合には、その本人の不快感が判断基準となることもあります。

●その行為の程度が、処分等の効果を与える必要があるほど重大か。例えば、雇用管理概念としてのセクハラについては、事業主が懲戒処分などを与えて是正しなければならないほど、相手方の職務遂行や企業の職場秩序に支障を及ぼしているかどうかで判断します。意に反する身体的接触によって強い精神的苦痛を被る場合には、たとえ一回でも就業環境を害することになります。

## ❸同じ行為でも行為者によってセクハラと言われるのは不公平では？

セクハラについてもう一つ起きる疑問は、行為者によって、セクハラになったりならなかったりするのは不公平ではないのか、という疑問です。同じ言葉をかけても、Aが言うならセクハラにならないが、Bが言うとセクハラになる、というのは不公平ではないのか、ということです。

この点は、完全に行為の受け手の判断でよいのです。例えば、休日に自宅に、仲のいい友達が突然訪問してきたとき家に上げてあげたからといって、仲の良くない上司が突然訪問してきても家に上げてあげなければいけない、と考える人はいません。それは、自宅への訪問客迎え入れの選択は、個人の決定が尊重されるべきプライベートな領域だからです。では、相手に体に触れられることを許容するか否かの選択はどうでしょう。相手と性的な話をするかどうかの選択はどうでしょう。これらの個人のセクシュアルな事項も、個人の決定が尊重されるべきプライベートな領域です。ですから、行為者によって、セクハラになったりならなかったりしても、全くおかしくないのです。

## ❹セクハラ防止を定める「男女雇用機会均等法」

では、ここから、職場におけるセクハラに話題を絞っていきましょう。

いわゆる「男女雇用機会均等法」では、セクハラを防止するための事業主の責任について、次のように明確に定められています。

料金受取人払郵便

神田局
承認
1124

差出有効期間
平成28年3月
31日まで

(切手不要)

郵便はがき

1018791

518

東京都千代田区内神田1－6－6
(MIFビル5階)

株式会社 清文社 行

ご住所 〒(　　　　　　　)

ビル名　　　　　　　(　　階　　　号室)

貴社名

部　　　課

お名前《ふりがな》

電話番号　　　ご職業

E－mail

※本カードにご記入の個人情報は小社の商品情報のご案内、またはアンケート等を送付する目的にのみ使用いたします。

# 愛読者カード

ご購読ありがとうございます。今後の出版企画の参考にさせていただきますので、ぜひ皆様のご意見をお聞かせください。

## ■本書のタイトル（書名をお書きください）

### 1. 本書をお求めの動機

1.書店でみて（　　　　　　　　　　　　） 2.案内書をみて
3.新聞広告（　　　　　　　　　　　　） 4.雑誌広告（　　　　　　　　）
5.書籍・新刊紹介（　　　　　　　　　　） 6.人にすすめられて
7.その他（　　　　　　　　　　　　）

### 2. 本書に対するご感想（内容・装幀など）

### 3. どんな出版をご希望ですか（著者・企画・テーマなど）

■小社新刊案内（無料）を希望する　1. 郵送希望　2. メール希望

第十一条「職場において行われる性的な言動に対するその雇用する労働者の対応により当該労働者がその労働条件につき不利益を受け、又は当該性的な言動により当該労働者の就業環境が害されることのないよう、当該労働者からの相談に応じ、適切に対応するために必要な体制の整備その他の雇用管理上必要な措置を講じなければならない。」

つまり、職場におけるセクハラとは、相手の意に反する性的な言動が、職場で行われることを指します。

この場合の「職場」とは、業務を遂行する場所を指し、通常就業する場所以外でも業務を遂行する場所ならば「職場」となります（例：取引先の事務所、顧客の自宅、出張先、打ち合わせや接待のための飲食店、業務で使用する車中など）。勤務時間外の「宴会」などであっても、実質上職務の延長と考えられるものは「職場」に該当しますが、職務との関連性、参加者、参加が強制的か任意かといったことを考慮して個別に判断を行うことになります。

また、「労働者」とは、正規労働者のみならず、パートタイム労働者、契約社員などいわゆる非正規労働者を含む、雇用する労働者の全てをいいます。派遣労働者については、派遣元事業主のみならず、派遣先事業主も措置を講ずる必要があります。

働く人の雇用形態がどのようなものであっても、事業主には就業環境を整える責任があるのです。

## ❺「対価型セクハラ」「環境型セクハラ」とは何か

先に掲げた均等法11条を受けて、厚生労働省は、事業主向けに、セクハラ防止に関するガイドラインを定めています（「事業主が職場における性的な言動に起因する問題に関して雇用管理上講ずべき措置についての指針」平成18年厚生労働省告示第615号）。

そこでは、セクハラを、「対価型セクハラ」と「環境型セクハラ」に分けています。内容は、それぞれ以下のとおりです。

「対価型セクシュアルハラスメント」とは、職場において行われる労働者の意に反する性的な言動に対する労働者の対応により、当該労働者が解雇、降格、減給等の不利益を受けることであって、その状況は多様であるが、典型的な例として、次のようなものがある。

イ　事務所内において事業主が労働者に対して性的な関係を要求したが、拒否されたため、当該労働者を解雇すること。

ロ　出張中の車中において上司が労働者の腰、胸等に触ったが、抵抗されたため、当該労働者について不利益な配置転換をすること。

ハ　営業所内において事業主が日頃から労働者に係る性的な事柄について公然と発言していたが、抗議されたため、当該労働者を降格すること。

「環境型セクシュアルハラスメント」とは、職場において行われる労働者の意に反する性的な言動により労働者の就業環境が不快なものとなったため、能力の発揮に重大な悪影響が生じる等当該労働者が就業する上で看過できない程度の支障が生じることであって、その状況は多様であるが、典型的な例として、次のようなものがある。

イ　事務所内において上司が労働者の腰、胸等に度々触ったため、当該労働者が苦痛に感じてその就業意欲が低下していること。

ロ　同僚が取引先において労働者に係る性的な内容の情報を意図的かつ継続的に流布したため、当該労働者が苦痛に感じて仕事が手につかないこと。

ハ　労働者が抗議をしているにもかかわらず、事務所内にヌードポスターを掲示しているため、当該労働者が苦痛に感じて業務に専念できないこと。

対価型セクハラと環境型セクハラとで、後に述べる法的効果や対策に違いがあるというわけではありません。しかし、一般的に、対価型セクハラのほうが、環境型セクハラよりも重大な結果を生じることが多いと言われています。対価を伴うので、被害者が拒否するのが難しいからです。したがって、セクハラ問題が発生したときに、それが対価型セクハラの構造を取っているときは、注意が必要です。

## ❻ 労働局雇用均等室へのセクハラ相談の実情

職場におけるセクハラは予想以上に多いのが実情です。

都道府県労働局雇用均等室に寄せられる男女雇用機会均等法に関する労働者からの相談の半数以上が、職場におけるセクハラの相談となっています（【図表3-1】：平成25年度都道府県労働局雇用均等室での法施行状況の公表、資料1「相談者別相談内容の内訳」）。

会社の相談窓口に相談が来ていないからといって、社内でセクハラが起こっていないとは限りません。

## ❼ 加害者はセクハラについてどのような責任を負うか

セクハラによって、加害者本人は、次のような責任を負います。

① 民事法上の損害賠償責任（民法709条）

通常はおよそ数十万円から数百万円の間が多いですが、数千万円にいたる高額な例もあります。

② 刑事法上の責任

強姦罪、強制わいせつ罪、傷害罪、暴行罪、強要罪、名誉毀損罪、侮辱罪、ストーカー規制法違反、迷惑防止条例違反などが問題となります。傷害罪や強姦致傷の傷害には、PTSDなどの精神的傷害を含みます。

③ 懲戒など雇用管理上の処分

④ 社会内・家族内での信用喪失

## ❽ 会社はセクハラについてどのような責任を負うか

セクハラによって、事業主たる会社も、次のような責任を負います。

### ① 民法715条の使用者責任

使用者責任とは、事業のために使用される者がその事業の執行について第三者に損害を加えた場合に、使用者（事業主・会社）はそれを賠償しなければならないとする不法行為責任のことをいいます。利益を得ているものは、その過程で他人に与えた損失についてそ

## [図表 3-1] 均等室における相談の実情

1 男女雇用機会均等法関係
相談者別相談内容の内訳（平成 25 年度）

（件）

| | 女性労働者 | 男性労働者 | 事業主 | その他 | 合計 |
|---|---|---|---|---|---|
| 第 5 条関係<br>（募集・採用） | 50<br>（0.5%） | 156<br>（20.0%） | 420<br>（7.1%） | 493<br>（11.1%） | 1,119<br>（5.2%） |
| 第 6 条関係<br>（配置・昇進・降格・教育訓練等） | 164<br>（1.6%） | 71<br>（9.1%） | 176<br>（3.0%） | 155<br>（3.5%） | 566<br>（2.6%） |
| 第 7 条関係<br>（間接差別） | 9<br>（0.1%） | 9<br>（1.2%） | 203<br>（3.4%） | 93<br>（2.1%） | 314<br>（1.5%） |
| 第 9 条関係<br>（婚姻、妊娠・出産等を理由とする不利益取扱い） | 2,085<br>（20.3%） | 5<br>（0.6%） | 911<br>（15.4%） | 662<br>（14.9%） | 3,663<br>（17.1%） |
| 第 11 条関係<br>（セクシュアルハラスメント） | 5,700<br>（55.5%） | 483<br>（61.8%） | 1,385<br>（23.4%） | 1,662<br>（37.5%） | 9,230<br>（43.1%） |
| 第 12 条、第 13 条関係<br>（母性健康管理） | 1,280<br>（12.5%） | 1<br>（0.1%） | 1,526<br>（25.7%） | 609<br>（13.7%） | 3,416<br>（15.9%） |
| 第 14 条関係<br>（ポジティブ・アクション） | 12<br>（0.1%） | 6<br>（0.8%） | 375<br>（6.3%） | 186<br>（4.2%） | 579<br>（2.7%） |
| その他 | 976<br>（9.5%） | 50<br>（6.4%） | 934<br>（15.8%） | 571<br>（12.9%） | 2,531<br>（11.8%） |
| 合計 | 10,276<br>（100.0%） | 781<br>（100.0%） | 5,930<br>（100.0%） | 4,431<br>（100.0%） | 21,418<br>（100.0%） |

労働者からの相談内容内訳の推移（再掲）
（平成 25 年度は，上表の女性労働者と男性労働者の合計）

（件）

| | 23 年度 | 24 年度 | 25 年度 |
|---|---|---|---|
| 第 5 条関係<br>（募集・採用） | 234<br>（1.8%） | 180<br>（1.7%） | 206<br>（1.9%） |
| 第 6 条関係<br>（配置・昇進・降格・教育訓練等） | 226<br>（1.8%） | 225<br>（2.1%） | 235<br>（2.1%） |
| 第 7 条関係<br>（間接差別） | 11<br>（0.1%） | 5<br>（0.0%） | 18<br>（0.2%） |
| 第 9 条関係<br>（婚姻・妊娠・出産等を理由とする不利益取扱い） | 1,990<br>（15.6%） | 1,821<br>（16.8%） | 2,090<br>（18.9%） |
| 第 11 条関係<br>（セクシュアルハラスメント） | 8,061<br>（63.4%） | 6,387<br>（59.1%） | 6,183<br>（55.9%） |
| 第 12 条、第 13 条関係<br>（母性健康管理） | 1,103<br>（8.7%） | 1,081<br>（10.0%） | 1,281<br>（11.6%） |
| 第 14 条関係<br>（ポジティブ・アクション） | 12<br>（0.1%） | 8<br>（0.1%） | 18<br>（0.2%） |
| その他 | 1,087<br>（8.5%） | 1,105<br>（10.2%） | 1,026<br>（9.3%） |
| 合計 | 12,724<br>（100.0%） | 10,812<br>（100.0%） | 11,057<br>（100.0%） |

参照：厚生労働省ホームページ「平成 25 年度 都道府県労働局雇用均等室での法施行状況の公表」

の利益から補填しなければならないという考えに基づくものであり、実務上は使用者に過失がなくても責任を負うような運用（無過失責任）がなされています。

### ② 職場環境配慮義務違反に基づく責任

使用者は、労働契約に伴い、労働者がその生命、身体等の安全を確保しつつ労働することができるよう、必要な配慮をするものとする義務があり（労働契約法5条）、快適な職場環境の実現と労働条件の改善を通じて職場における労働者の安全と健康を確保するようにしなければなりません（労働安全衛生法3条）。後に述べるような、セクハラの防止のための措置を怠ると、上記の義務違反として、民法４１５条の債務不履行責任を負います。

その他、職場環境配慮義務違反に基づく民法７１９条の不法行為責任や、一般社団法人及び一般財団法人に関する法律78条等による法人自体の不法行為責任などが肯定された判例もあります。

## ❾ 厚労省指針による会社のセクハラ防止義務の内容

職場におけるセクハラを防止するために、事業主が雇用管理上講ずべき措置として、前出の厚生労働大臣の指針により次の10項目が定められており、事業主はこれらを必ず実施しなければなりません。

### ① 事業主の方針の明確化及びその周知・啓発

（1） 職場におけるセクシュアルハラスメントの内容・セクシュアルハラスメントがあってはならない旨の方針を明確化し、管理・監督者を含む労働者に周知・啓発すること。

（2） セクシュアルハラスメントの行為者については、厳正に対処する旨の方針・対処の内容を就業規則等の文書に規定し、管理・監督者を含む労働者に周知・啓発すること。

### ② 相談（苦情を含む）に応じ、適切に対応するために必要な体制の整備

（1） 相談窓口をあらかじめ定めること。

（２）相談窓口担当者が、内容や状況に応じ適切に対応できるようにすること。また、広く相談に対応すること。

**③職場におけるセクシュアルハラスメントに係る事後の迅速かつ適切な対応**

（１）事実関係を迅速かつ正確に確認すること。

（２）事実確認ができた場合には、速やかに被害者に対する配慮の措置を適正に行うこと。

（３）事実確認ができた場合には、行為者に対する措置を適正に行うこと。

（４）再発防止に向けた措置を講ずること（事実が確認できなかった場合も同様）。

**④①から③までの措置と併せて講ずべき措置**

（１）相談者・行為者等のプライバシーを保護するために必要な措置を講じ、周知すること。

（２）相談したこと、事実関係の確認に協力したこと等を理由として不利益な取扱いを行ってはならない旨を定め、労働者に周知・啓発すること。

## ⑩ 会社は具体的にどのようなセクハラ防止策をとったらよいか

それぞれの項目について詳しく見ていきましょう。

❾①（１）「事業主の方針の明確化とその周知・啓発」についての具体的な方法として、例えば、

◎就業規則や服務規律等を定めた文書において、セクハラがあってはならない旨の方針を規定し、労働者に周知・啓発する。

◎社内報、パンフレット、社内ホームページ等の広報又は啓発のための資料等で、性別役割分担意識に基づく言動をしないよう、労働者に周知・啓発する。

◎事前のアンケートや調査等で職場の実態を踏まえた上で、管理・監督者や労働者に対しての研修、講習等を実施する。

などが挙げられます。

セクハラの発生の原因や背景には、固定的な男女の役割分担意識に基づく言動もあると考えられます（例：「男のくせに根性がない」「女には仕事を任せられない」などと発言する。酒席で、上司の側に座席を指定したり、

お酌等を強要する。等）。

こうした言動を無くしていくことが、セクハラの防止の効果を高める上で重要であることに留意しましょう。

❾①（2）「行為者への厳正な対処方針、内容の規定化と周知・啓発」についての具体的な方法として、例えば、

◎就業規則や服務規律等を定めた文書において、性的な言動を行った者に対する懲戒規定を定め、その内容を労働者に周知・啓発すること。

などが挙げられます。

セクハラに当たる性的な言動をした場合に、具体的にどのような対処がなされるのかをルールとして明確化し、その防止を図ることが大切です。

規定を策定する場合には、具体的な性的言動と処分の内容を直接対応させた懲戒規定を定めることのほかに、どのような性的言動がどのような処分に相当するかの判断要素を明らかにする方法もあります。

❾②（1）「相談窓口をあらかじめ定める」とは、窓口を形式的に設けるだけでは足りず、実質的な対応が可能な窓口が設けられていることをいいます。

労働者が利用しやすい体制を整備しておくことと、それが労働者に周知されていることが必要です。

相談は面談だけでなく、電話、メールなど複数の方法で受けられるよう工夫しましょう。

❾②（2）「相談窓口担当者が広く相談に対応する」とは、セクハラを未然に防止する観点から、相談の対象として、セクハラの発生のおそれがある場合や、セクハラに該当するか否か微妙な場合も幅広く含めることを意味します。

例えば、勤務時間後の宴会などで生じたセクハラについての相談や、男女の役割分担意識に基づく言動に関する相談も幅広く対象とすることが必要です。

相談・苦情を受けた後、問題を放置しておくと、問題を悪化させ被害を拡大させてしまうおそれがあります。

また、セクハラ対策への意欲が低い会社だと見られ、他の労働者の勤労意欲を損ないかねません。初期の段階での迅速な対応が必要です。

## ⓫ 会社は具体的にどのようなセクハラ対応をしたらよいか

❾③（1）「事実関係の迅速かつ正確な確認」については、問題が生じた場合の担当部署や対応の手順などをあらかじめ明確に定めておくことが必要です（事案が生じてから、誰がどのように対応するのか検討するのでは、対応を遅らせることになってしまいます）。

また、事実関係の迅速な確認が困難な場合等には、調停の申請（均等法18条）を行ったり、専門家に委ねることも考慮に入れましょう。

❾③（2）「被害者に対する適正な配慮の措置」、❾③（3）「行為者に対する適正な措置」を行っている例としては、被害者と行為者の間の関係改善に向けての援助、被害者と行為者を引き離すための配置転換、行為者の謝罪、被害者の労働条件上の不利益の回復、管理監督者又は社内の産業保健スタッフ等による被害者のメンタルヘルス不調への相談対応等の措置を講ずること、などが挙げられます。

行為者には、定められた規定に沿って公正で毅然とした対応で処分を行う一方、外部のカウンセラーや精神科医との連携を取った上で、被害者への充分なケアをすることを忘れてはいけないでしょう。

セクハラの事実が確認されても、問題を軽く考え、個人間の問題として当事者の解決に委ねようとすることは、かえって問題をこじらせ解決を困難にすることになりかねません。ましてや、企業の体裁を考えて秘密裏に処理しようとしたり、隠蔽しようとすることは、明らかなコンプライアンス違反となります。

セクハラは解決のためには、相談の段階から、事業主が真摯に取り組むこと、また、行為者への制裁は、公正なルールに基づいて行うことが重要です。

❾③（4）「再発防止措置の実施」については、

◎セクハラ行為を行った者について厳正に対処する旨の方針を、社内報、パンフレット、社内ホームページ等に改めて掲載し、配布等すること。

◎セクハラに関する意識を啓発するための研修、講習等を改めて実施すること。

◎これまでの防止対策に問題がなかったかどうか再点検し、改めて周知を図ること。

などが求められます。

❾④（1）「プライバシー保護のための措置の実施と周知」については、特に個人のプライバシー保護に関連することですから、事業主は、その保護のために必要な措置を講ずるとともに、その旨を労働者に周知させ、労働者が安心して相談できるようにする必要があります。

また、相談者・行為者等のプライバシーの保護のために、相談窓口の担当者に必要な研修を行うことも求められます。

❾④（2）「不利益な取扱い禁止の定めと周知・啓発」については、相談者や事実関係の確認に協力した人がそれを理由に、不利益な取扱いをされない旨を、就業規則や服務規程等に定め、労働者に周知・啓発することが必要です。

## ⓬ セクハラが労災として認定されるケースもある

セクハラの被害そのものによる精神的苦痛はもちろんですが、セクハラを申告することで相手の人生にも深く影響を与えることから、被害者は精神的に大きな負担を抱えることになりがちです。

職場におけるセクハラによって精神障害を発病した場合、労災として認定されるケースもあります。特に、長時間労働をしていた労働者がセクハラによるメンタル不調に陥った場合には、労災として認められる可能性が高くなります。詳しくは、弁護士や社会保険労務士などの専門家、または労働基準監督署などの専門機関に相談しましょう。

## ⓭ パワー・ハラスメントについて

なお、セクハラと似たものとして、近年「パワー・ハラスメント」が話題になっています。

パワー・ハラスメント（パワハラ）とは、「権力を使った嫌がらせ」を差しますが、セクハラに比べて、まだ概念があまりはっきり確立していません。平成24年1月30日、厚生労働省の「職場のいじめ・嫌がらせ問題に関する円卓会議ワーキング・グループ報告」によると、職場のパワー・ハラスメントとは、「同じ職場で働く者に対して、職務上の地位や人間関係などの職場内の優位性を背景に、業務の適正な範囲を超えて、精神的・身体的苦痛を与える又は職場環境を悪化させる行為をいう。」とされています。これには上司から部下に行われるものだけでなく、先輩・後輩間や同僚間、さらには部下から上司に対してなど、様々な優位性を背景に行われるものも含まれます。

パワハラには、次のような行為が該当するとされていますが、これに限られるわけではありません。

①身体的な攻撃（暴行・傷害）
②精神的な攻撃（脅迫・暴言等）
③人間関係からの切り離し（隔離・仲間外し・無視）
④過大な要求（業務上明らかに不要なことや遂行不可能なことの強制、仕事の妨害）
⑤過小な要求（業務上の合理性なく、能力や経験とかけ離れた程度の低い仕事を命じることや仕事を与えないこと）
⑥個の侵害（私的なことに過度に立ち入ること）

しかし、パワハラになるかどうかの判断は、セクハラよりも難しいものです。実際に問題になるパワハラは、上記のような極端なケースは少なく、むしろ業務上のミスなどについて厳しい言葉で叱責したり、本人の意に沿わない異動をしたりという行為がほとんどです。

しかし、これらの行為は、職場における指揮命令権の行使とも考えられます。上記のパワハラの定義の中にも「業務の適正な範囲を超えて」とあるように、適正な範囲内での業務のための指揮命令権の行使は違法ではありません。この「適正な」行為とそうでない行為の線引きが、大変難しいのです。

実務上の判断としては、「その行為以外に、もっと本人が苦痛に感じないで、同じ業務上の指揮命令権を行使できる方法はないのか？」と考えてみると、わかりやすいでしょう。

パワハラの防止・適切な対応のための施策は、基本的にセクハラと同様に考えることができます。

## アドバイス

今回の件は、典型的なセクハラといえるでしょう。まず、適切な人による聞き取り、事実確認が必要です。本人や会社に対する責任追及につながりますから、加害者本人からの弁明もよく聞いてください。ただし、プライバシーには十分に配慮が必要です。

事実確認ができたら、被害者に対しては、働きやすい労働環境の提供をしましょう。まずは異動を考えるのが適切な場合が多いです。状況に応じて、被害者を異動させるのが適切な場合と、加害者を異動させるのが適切な場合があります。また、損害の回復を検討してください。本人からの謝罪や慰謝料の支払のほか、本件では、会社側にも事前の予防策を怠っていた様子があるので、本人が損害を被ることを補償するための措置を考えましょう。

加害者に対しては、相応の懲戒処分をすべきでしょう。

予防については、規則の制定が最初です。また、それに基づいて、啓発・研修を行ってください。

## Column

# メンタルヘルスについて

### 1 背景

近年の社会環境や雇用情勢の変化に伴い、多くの労働者が強い不安やストレスを感じながら働いているといわれています。

統計を見ると、心の健康（メンタルヘルス）上の理由により連続1か月以上休業し、または退職した労働者がいる事業場の割合は8．1%にのぼります（厚生労働省「平成24年 労働者健康状況調査」）。また、約30，000人の年間自殺者総数のうち、労働者が約9，000人と実に約3割を占めるほか、業務による心理的負荷を原因として精神障害を発症し、あるいは自殺したとして労災認定がなされる件数は年々増加しており、職場において心の健康の保持増進を図ることが、非常に重要な課題となっています。

### 2 行政の取り組み

職場におけるメンタルヘルス対策を推進するため、厚生労働省は「労働者の心の健康の保持増進のための指針（メンタルヘルス指針）」を定め、事業場において事業者が講ずるように努めるべき労働者の心の健康の保持増進のための措置（メンタルヘルスケア）が、適切かつ有効に実施されるよう、メンタルヘルスケアの原則的な実施方法について定めています。

**〈4つのメンタルヘルスケアの推進〉**

参照：厚生労働省「職場における心の健康づくり」

[図表 3-2] メンタルヘルスケアの基本的考え方

留意事項

**心の健康問題の特性**

心の健康については、その評価は容易ではなく、さらに、心の健康問題の発生過程には個人差が大きいため、そのプロセスの把握が困難です。また、すべての労働者が心の問題を抱える可能性があるにもかかわらず、心の健康問題を抱える労働者に対して、健康問題以外の観点から評価が行われる傾向が強いという問題があります。

【指針：2 －①】

**労働者の個人情報の保護への配慮**

メンタルヘルスケアを進めるに当たっては、健康情報を含む労働者の個人情報の保護及び労働者の意思の尊重に留意することが重要です。心の健康に関する情報の収集及び利用に当たっての、労働者の個人情報の保護への配慮は、労働者が安心してメンタルヘルスケアに参加できること、ひいてはメンタルヘルスケアがより効果的に推進されるための条件です。【指針：2 －②】

**人事労務管理との関係**

労働者の心の健康は、体の健康に比較し、職場配置、人事異動、職場の組織等の人事労務管理と密接に関係する要因によって、より大きな影響を受けます。メンタルヘルスケアは、人事労務管理と連携しなければ、適切に進まない場合が多くあります。

【指針：2 －③】

**家庭・個人生活等の職場以外の問題**

心の健康問題は、職場のストレス要因のみならず家庭・個人生活等の職場外のストレス要因の影響を受けている場合も多くあります。また、個人の要因等も心の健康問題に影響を与え、これらは複雑に関係し、相互に影響し合う場合が多くあります。

【指針：2 －④】

**〈事業場における対策〉**

メンタルヘルス指針では、各事業場で取り組むべき事項について、以下のとおり定められています。

① メンタルヘルスケアを推進するための教育研修・情報提供

・管理監督者を含む全ての労働者に対し、職務に応じた教育研修・情報提供の実施

・教育研修担当者の養成　等

② 職場環境等の把握と改善

メンタル不調の未然防止のため、労働者の心の健康に影響を及ぼす可能性のある以下の職場環境について、適切に把握し、評価と改善を行う

・作業環境・作業方法・労働時間・仕事の質や量

・ハラスメントを含む職場の人間関係

・職場の組織、人事労務管理体制　等

③ メンタルヘルス不調への気づきと対応

メンタルヘルス不調に陥る労働者の早期発見と適切な対応のための体制整備

・労働者による自発的な相談とセルフチェック

例）ストレスに関するセルフチェック実施の機会の提供

（調査票の配布：厚生労働省ホームページ「こころの耳」http://kokoro.mhlw.go.jp/　等）

社内相談窓口の設置、事業場外の相談機関の紹介　等、労働者が自ら相談を受けられる環境の整備

・ストレスチェック実施の義務化

（改正労働安全衛生法／平成27年12月までに施行予定）

ただし、労働者数50人未満の事業場については当面努力義務

・管理監督者、事業場内産業保健スタッフ等による相談対応

例）日常的なコミュニケーションの強化

必要に応じ事業場外の医療機関への相談や受診を促す　等

・労働者の家族による気づきや支援

例）ストレスやメンタルヘルスケアに関する基礎知識、事業場のメンタルヘルス相談窓口等に関する情報を、労働者の家族にも提供

**〈小規模事業場（従業員50人未満）では？〉**

事業場内で産業保健スタッフが確保できない場合、地域産業保健センター等の事業場外資源が提供する支援等を積

極的に活用することが有効。

**地域産業保健センター**

保健指導や健康相談などの産業保健サービスを従業員に十分に提供することができない従業員50人未満の事業場に対し、産業保健サービスを無料で提供。

例）健康相談窓口：健康診断結果の見方、メンタルヘルスケアの進め方等に関する相談に医師が対応。

事業場の訪問：医師や保健師が事業場を訪問し、健康診断結果に基づいた健康管理指導、作業環境改善等のアドバイスを行う。

産業保健情報の提供：健康情報、健康診断機関等の情報提供

**その他の事業場外資源**

・都道府県産業保健推進センター（メンタルヘルス対策支援センター）
・健康保険組合　・労災病院　・中央労働災害防止協会
・労働者健康保持増進サービス機関
・労働衛生コンサルタント、産業カウンセラー、臨床心理士、精神保健福祉士　等
・精神科、心療内科の医療機関　地域保健機関
・各種相談機関等　・産業医学振興財団
・医師会（日本医師会及び都道府県医師会）
・産業医科大学　等

## 3　事業場でメンタルヘルス不調者が出てしまったら

遅刻や欠勤が増える、仕事のミスや遅れが目立つ、性格が変わったようにふさぎ込むまたは攻撃的になる……など、社員のメンタルヘルス不調が顕著となり、仕事に支障をきたす状態になってしまった場合、会社はどう対応すればよいのでしょうか。

まず、上司や同僚が声をかけて何が不調の原因となっているのかを探り、その原因の解消のために、面談の実施・業務の負荷の軽減など、可能な範囲で対応をすることは、もちろん大事です。しかし、それでも状態が改善しない場合は、「休職」という形で、心身をゆっくり休養させ、再び仕事ができる状態に回復させるための時間を与えることが必要となることがほとんどです。

メンタルヘルス不調に陥った社員は、経済的な不安や、社内での人事査定への影響、休職中にポストがなくなり復職ができなくなることなどを恐れて、休職を拒むことも多

いでしょう。しかし、無理を重ねて症状が悪化するなどした場合、会社が安全配慮義務違反を問われる可能性もあります。

メンタルヘルス不調者の休職に対する抵抗感を軽減し、円滑な復職を支援するためにも、休職から復職までの流れをあらかじめ明確にしておくことは、非常に重要です。また、そのプライバシーを厳重に保護し、慎重に取り扱う必要があることは、言うまでもありません。

[図表 3-3] 職場復帰支援の流れ

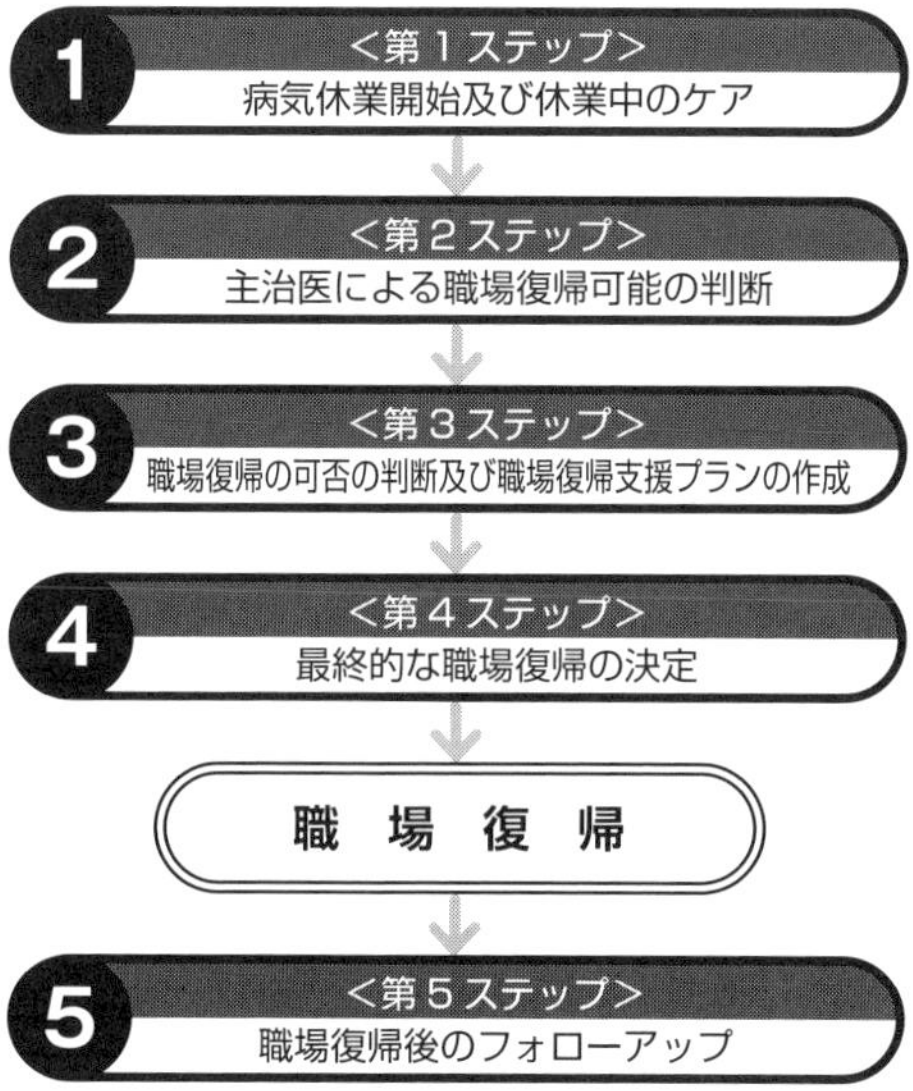


①　病気休業開始及び休業中のケア
②　主治医による職場復帰可能の判断
③　職場復帰の可否の判断及び職場復帰支援プランの作成
④　最終的な職場復帰の決定
⑤　職場復帰後のフォローアップ

（[図表3-3] 参照：厚生労働省「心の健康問題により休業した労働者の職場復帰支援の手引き」）

結局――
部長は戒告処分になり
笹原さん本人に部長が直接謝罪することに
次のボーナス査定にも響くとかでかなり反省しているらしい
笹原さんは
休業中の給与は全額支給され
営業部の事務職に異動することに
就業規則にもセクハラコードを追加して
啓発用のポスターも作ったし研修もやることになったし
……これで一段落かな?
いやーおつかれさん!

社長!
今回もご苦労さん!
今回も無事収まってよかったよ
いやー
それよりも怒った清浦さんのほうが怖かったですよ……
はっはっは!
清ちゃん結構怖いんだよな
普段もっとニコニコしてたらかわいいのに
あれじゃ結婚できないよな——
そんなことないですよ!清浦さんは今のままでもかわいいですよ!
じゃなくて!
社長!それセクハラだって説明したじゃないですか!
そだっけ?
絶対本人に言っちゃダメですよ!

ドーン
何の話ですか？
！
セクハラがどうとか聞こえましたが
ギクッ！
あっ いやっ その……
わりぃ！
急な仕事あったの思い出したよ！
ちょっ社長？
今の話詳しく聞かせてください
そっ
そのお話はまた今度……っ！

# エピソード4

# 「ローキ」が来る⁉
## 労働基準監督署対応・個別労働紛争手続き

Matsu Design
ふぁ～あ
ちょっと夜更かししすぎたかなあ
法律の本文字が多すぎなんだよ
まあでもだいぶ慣れてきたし会社も平和そのものだし
あれ？もしかして法務って案外楽勝じゃね？
ガチャ

ごちゃあ
ちょ
なにやってるん
ですか社長！
ごそ
ごそ
おっ榎本！
いいところに
きた！
ローキってのが
来るらしいんだ
ローキ？
……って
なんですか？
どっかの
役所らしいん
だけど
残業代調べるから
書類用意しとけ
っていうんだよ！
……用意すれば
いいんじゃない
ですか？
ばっかおめぇ
相手は役所
だぞ？
黒服来た連中が
大勢ドカドカ
入ってきて
ありもしない
不正行為を
でっちあげられるに
決まってる！
ザザッ
ザザッ
なんの
ドラマですか
……
つーわけで

オレその間逃げ……
いや海外出張行ってくるわ!
いやいやいやいやなに言ってんですか!
なんの騒ぎですか?
清浦さん……!
ローキとかいうのが来るって本当ですか?
は?
ホラ清ちゃんが持ってきてくれたあの封筒にさ!
もしかしてこれのことですか?
ス
労働基準監督署
労働基準監督署……?

これは『出頭依頼』
つまり『呼び出し』です 向こうからは来ませんよ
なんだよ心配して損したよ！
あはは
……ちゃんと中身読んでください
榎本くん
あなたも法務担当でしょう？ 労基くらい知っていてください
うっ……！
そっ……それで どういう経緯でこれが届いたんですか？
それが……

木島さん?
この前辞めてもらった契約社員ですよね?
あの野郎か!
彼が労基を通して残業代の請求をしてきたようですね
残業代ならこのまえちゃんと取り決めをしただろ?
木島さんが辞めたのは取り決めてすぐでしたし
今回請求されているのはそれ以前の分みたいです
ったく辞めるときはなにも言わなかったくせに
今更残業代よこせだと?ふざけんな!
木島のケータイ番号教えろ!
直接文句言ってやる!
こじれるだけじゃないですか?やめたほうが……

※エピソード2参照

それともいっそ無視しちゃおうか！ほっときゃ諦めるかもしれないし
いやいやそれもまずいですって！
ちゃんと書類持っていきましょうよ？
なにも悪いことしてないんですから
こういうのは堂々としてたほうがいいですよ
だけどさー
書類持ってったらなに言われるかわからねえだろ？
ここは協力的な態度を見せたほうがいいですって
いっそ全社員の給与明細とか勤務表なんかも持ってってやりましょう
どうせ重箱の隅つつくようにごちゃごちゃネチネチ……
昔から役所ってのはろくなこともしねえ！
ふぅ
親の敵でもいるんですか……
……
それはどうかしら？
う〜ん

今回は木島さんの問題だけなんだから
余計な書類はないほうがいいんじゃや?
うーん
いっそ書類書き換えて残業なんてなかったってことにしちゃうか!
ゴゴゴ
社長ーー!
冗談だよそんなに怒るなって
あっはっは
目がわりと本気でしたよ……
……あまりもめると
労働審判というのを起こされると聞いたことがあります
労働審判?
詳しいことは知らないけど
裁判みたいなものだと聞いたことが……
そうなると大変ですし
色々な準備も必要になってくると思います

うーん
そりゃあ まずいよなあ
つーわけで
頼むぜ 法務担当！
ぽ～ん
ってまた丸投げする気ですか 社長！
なんとかうまく 役所をまるめ こめないか
まるめ こむって……
はあ
それじゃあ
またいつもの 事務所に相談 してみますか

解説

労基署に対する対応と、労基署に対応しなかったら何が起こるか、というご質問ですね。まず「労働基準監督署」についてご説明し、それから個別労働紛争の解決手続きについてご説明して、今回の件をどのように結着するのがよいかを考えましょう。

## ❶ 労働基準監督署とは

労働基準監督署（以下、「監督署」という）は、労働基準法（以下、「労基法」という）が規定する最低基準の労働条件について、監督指導を行う行政官庁です。

監督署の労働基準監督官は、労基法等の法違反があるかどうかを調べるために事業所への立ち入り調査をする権利があります。

このような監督を行う労働基準監督官の権限は、労働基準法で次のように定められており、101条では行政監督権限、102条では捜査権や逮捕権も有する特別司法警察職員としての役割まで規定しています。

〔労働基準法101条〕

労働基準監督官は、事業場、寄宿舎その他の附属建設物に臨検し、帳簿及び書類の提出を求め、又は使用者若しくは労働者に対して尋問を行うことができる。

（以下、略）

〔労働基準法102条〕

労働基準監督官は、この法律違反の罪について、刑事訴訟法に規定する司法警察官の職務を行う。

また、労働者が行政へ申告する権利等について次のように規定しています。

〔労働基準法104条〕

1　この法律又はこの法律に基いて発する命令に違反する事実がある場合においては、労働者は、その事実を行政官庁又は労働基準監督官に申告することができる。

2　使用者は、前項の申告をしたことを理由として、労働者に対して解雇その他不利益な取扱をしてはならない。

## ❷ 労基署の調査とはどのようなものか

通常、労働基準監督官が事業場に立ち入り、または呼び出し等の方法により、労基法等が順守されているかどうかの調査を行い、違反している場合には行政指導を行うことを指し、具体的には次のような種類があります。

### ① 定期監督

労働基準監督署が、その年の監督計画（労働行政方針）等に基づき実施し、監督指導結果等も踏まえ、労働条件、安全衛生全般について調査を行うもので、いわゆるパトロールのようなものです。

### ② 申告監督

社員や元社員による残業代未払い等の申告を元に実施します。労働者から法令違反等の申告があったとき、法令違反が認められれば調査の対象となります。申告者の権利の救済を目的とします。

### ③ 災害時監督

一定以上の労働災害が発生した事業場に対して行われ、原則、事前予告無しのようです。

## ❸ 労基署の調査の流れ

（1）手紙や電話等で調査の協力依頼がきます。ただし、定期監督については、現在（東京都の場合）は予告無しで突然訪問することになっているようです。

他の手法としては、集合監督という複数事業所を一斉に呼び出して行うものがあります。通常、訪問して調査していたものを、一斉に呼び出すことにより、効率的に監督指導できるということで、近年は増えている方法です。

また、申告監督については、「出頭通知」や「来署依頼状」等の呼び出しが基本ですが、監督官によっては、訪問することもあります。

（2）通知等の際に、調査日時と共に準備書類のお知らせがあります。日程について、ある程度は希望次第で調整してくれます。なお、申告監督の場合、会社に対して匿名での調査依頼の場合もありますが、通常は申告者の氏名と事案が通知に記載されています。

（3）調査時は、事案にもよりますが、主として次の書類提示が求められます。

●就業規則（賃金規程等含む）
●タイムカード等の労働時間の記録
●賃金台帳
●時間外労働・休日労働に関する協定届（36協定）
●労働者名簿
●労働条件通知書（雇用契約書）
●他、必要となる労使協定書

## ❹ 労基署の調査の結果、何が起こるのか

調査の結果、次のような書類が交付されることがあります。

① 是正勧告書：明らかな法令違反に対して公布されます。

② 指導票：法令違反でないが改善すべき項目に対して公布されます。

③ 使用停止等命令書：施設や設備に不備があり、労働者の危険があるとき交付されます。

以下、例として、未払賃金（残業代）について是正勧告書が交付された場合の対応について説明します。

（1） 是正勧告は、行政処分ではなく行政指導なので、法律上は従う義務はなく、監督官は賃金債権の取り立てができるわけでもありません。ただし、明らかに労基法違反なので、無視や放置した結果、悪質と判断された場合は、司法処分される可能性があるので、間接的には強制力をもっていると言えます。

（2） 未払い賃金の遡及期間は、定期監督については、3か月から半年位と言われていますが、これは明確な基準があるわけではないので、悪質であれば、2年間の遡及もあり得ます。

申告監督は、申告人の請求する期間次第なので、調査の結果違反が確認できれば、時効となる最長2年間が遡及されることになります。

（3） 是正期日は、内容にもよりますが、未払い賃金

の場合は1か月後位で、次の賃金支払日等になります。事情があり延期を主張すれば考慮されることもありますが、その場合は、期日までにできる内容とできない内容を整理して、できない内容は、現在の取り組み状況と今後の見通しを説明して前向きに対応していることを、期日までに報告することが必要です。賃金の未払いの場合は、事情や金額によっては、分割払いも認めてもらえますが、その場合は、支払計画書を提出することになります。

（4）是正をしたら、報告をする必要があります。是正処理したことがわかる資料（遡及処理して支払った明細等）を添付して、是正報告書を提出します。

## ❺ 労基署の調査にはどのように対応したらよいか

調査は、監督官の性格や裁量によって多少なりとも左右される部分があり、ある意味会社にとっては当たり外れがあるように思えます。また、事業所の多いところと少ないところでの地域差も当然のことながらあります。どちらにしても、調査には協力的な姿勢で臨むことが大切です。

また、申告監督の場合は、本人の分だけではなく全社的な問題になることもあるので、その辺りの対応も注意が必要です。

以上、調査については、あくまでも筆者の今までの経験と行政から公表されている情報等を元に想定されることを述べたに過ぎないので、明らかな基準があるわけではなく、今後傾向が変わっていくことも十分考えられます。大切なことは、調査ありきの対策や整備ではなく、調査の有無に関わらず、基本的な労働条件を順守することは必須であり、たとえ監督指導が入り是正勧告を受けたとしても、慌てずにその指導に従い改善することです。

## ❻ 個別労働紛争の解決手段にはどのようなものがあるか

さて、労基署の監督指導によって事態が変わらなかった場合、労使トラブルは、どのような手続きを取って進んでいくのでしょうか。

個々の労働者と使用者との間のトラブル（「個別労働紛争」といいます。組合等が関わって行う「集団労使紛争」に対する概念です）を解決する手段は、主として次の3つがあります。

① 個別労働紛争解決促進法に基づく「あっせん」（各都道府県労働局の紛争調整委員会など）
② 労働審判（裁判所）
③ 労働訴訟（裁判所）

## ❼ 個別労働紛争解決促進法に基づく「あっせん」とは

平成13年に施行された「個別労働紛争解決支援制度」で、地方労働局に個別労働紛争調停機能が持たせられました。会社と社員の労使トラブルを裁判をしないで解決する、裁判外紛争解決システム（ADR）を主とします。全国の労働局や主な監督署に設置されている総合労働相談センターでの無料相談、助言・指導や紛争調整委員会によるあっせんを無料で受けることができます。個別労働紛争解決促進法に基づく「あっせん」は、この制度一つです。

「あっせん」とは、紛争当事者（労働者と使用者）の間に第三者（あっせん委員）が入り、当事者双方の主張を確かめ、必要に応じて具体的なあっせん案（譲歩策）を提示して、落としどころを探る手続きです。双方の歩み寄りを促して、話し合いによる自主的な解決を促す制度です。あっせんは、1回きりで、短期間（1か月くらい）で解決を目指し、非公開で行われます。

窓口は、各都道府県労働局の紛争調整委員会の他に、労働委員会や厚生労働大臣が指定する団体がありますが、流れは基本的には同じなので、今回は、労働局の紛争調整委員会の場合で説明します。

### ① あっせんを実施する紛争調整委員会

弁護士、大学教授等の労働問題の専門家である学識経験者により組織された委員会であり、都道府県労働局ごとに設置されています。この紛争調整委員会の委員のうちから指名されるあっせん委員が、紛争解決に向けてあっせんを実施します。

## ② あっせんの特徴

（1）労働問題に関するあらゆる分野の紛争（募集・採用に関するものを除く）が、その対象となります。

［対象となる例］

○解雇、雇止め、配置転換・出向、降格、労働条件の不利益変更等労働条件に関する紛争。

○いじめ・嫌がらせ等、職場の環境に関する紛争。

○労働契約の承継、同業他社への就業禁止等の労働契約に関する紛争。

○その他、退職に伴う研修費用の返還、営業車等会社所有物の破損に係る損害賠償をめぐる紛争など。

［対象とならない例］

○労働組合と事業主の間の紛争や、労働者と労働者の間の紛争（個別ではない）。

○裁判で係争中である場合、又は判決確定が出されている等、他の制度において取り扱われている紛争。

○労働組合と事業主との間で問題として取り上げられており、両者の間で自主的な解決を図るべく話し合いが進められている紛争。

○労基法違反として行政が関与しているのは受理しないが、未払い賃金相当額を損害賠償額とする場合はあり。

（2）多くの時間と費用を要する裁判に比べ、手続きが迅速かつ簡便です。

（3）弁護士、大学教授等の労働問題の専門家である紛争調整委員会の委員が担当します。

（4）あっせんを受けるのに費用はかかりません。

（5）紛争当事者間であっせん案に合意した場合には、受諾されたあっせん案は民法上の和解契約の効力を持つことになります。

（6）あっせんの手続きは非公開であり、紛争当事者のプライバシーを保護します。

（7）労働者があっせんの申請をしたことを理由として、事業主が労働者に対して解雇その他不利益な取扱いをすることは法律で禁止されています。

## ③ あっせん手続きの流れ

会社側からも申請はできますが、労働者側からのケースが圧倒的に多いため、そのケースで説明します。

（1）労働者があっせん申請書を提出すると、労働局長が紛争委員会にあっせんを委任し、委員会の会長が指名したあっせん委員（3名）が決定
（2）あっせん開始通知書の送付
（3）あっせんへの参加・不参加の意思表示（連絡票とともに提出）
（4）不参加でも罰則なし、あっせんは打ち切り
（5）参加の場合は、「会社意見等（被申請人）陳述書」等の主張を裏付ける資料の提出
（6）期日におけるあっせんの実施
① 当事者に主張の確認、必要に応じて参考人からの事情聴取。
② 当事者間の調整や話し合いの促進。双方の主張から落としどころを探り、その中で、双方または一方に譲歩を求めたり、解決方策を打診して紛争解決に努める。
③ 両者が求めた場合は、具体的なあっせん案の提示。
④ 両者の合意が成立、またはあっせん案を受託した場合には合意書を作成。この場合は民法上の和解契約の効力が生じる。
⑤ 合意しなかったり、あっせん案を受託しなくても構わない。「あっせん案」には裁判の判決のような拘束力は無く、その時点で打ち切り。

あっせんは、参加する義務がなく、また、参加しても合意が義務付けられているわけではないため、その際の対応がポイントと言えます。

参加義務がない、合意義務がないとはいえ、不参加や不成立にしたとしても事態が解決するわけではなく、その先を見据える必要があります。申し立て内容は、ある程度法的な筋が通っているものもあれば、法的に認められないものもあり、会社にとっては言いがかり的な内容もあります。その後、労働審判等に進んだとき、法的手続きの中でも主張できる内容なのか、応じない場合、合同労組に駆け込む恐れがないか等、選択肢があることを視野に入れておくことが大切です。積極的に裁判で争うと決めているわけでなければ、まずは、その後の解決を探るということからも参加価値はあるのかもしれません。

## ❽ 労働審判とは

労働審判手続きは、裁判所における労働事件の迅速、適正、実効的な解決のために導入された、平成18年にスタートした比較的新しい個別労働紛争解決手続きです。

労働審判官（裁判官）1人と、労働関係に関する専門的な知識と経験を有する労働審判員2人（企業側の労務専門家1名／労働者側の労務専門家1名。最高裁判所から候補として任命された非常勤の国家公務員から事件ごとに選任されます）で組織された労働審判委員会が、手続きを進めます。

「ラウンドテーブル法廷」と呼ばれる会議室のような法廷で、非公開で審理が行われます。後述する訴訟の場合は、民事訴訟法の厳格なルールに則って当事者が主張及び立証をし、その証拠に基づいて裁判官が事実認定をするのに対し、労働審判では、自由な方式で労働審判委員会がどんどん事実の聴取を進めていきます。原則として3回以内の期日で審理し，適宜調停を試みます。調停による解決に至らない場合には，事案の実情に即した柔軟な解決を図るための労働審判（裁判上の和解と同一の効力を有する）を行います。

3回の期日の内容は通常次のとおりであり、平均審理期間は75日程度と言われています。

［第1回期日］主張、証拠調べ（審尋）

労働審判委員会から事実関係に関する質問が矢継ぎ早になされ、実質的な聞き取りはほぼこの初回で終了してしまいます。したがって、予め十分な準備の上で期日に出席することが求められます。

［第2回期日］審理終了、調停案提示

第1回期日で不明だった若干の聞き取りを完了し、その日のうちに調停案が出されます。調停案は、あくまで和解のあっせんであり従う義務があるわけではありませんが、「仮に訴訟に進んだらこのような判断になるだろう」という心証を裁判官が示しながら説得してくるため、真剣に検討すべき重みのある調停案となります。

［第3回期日］調停成立、または審判

労働審判に対して、当事者から異議の申立てがあれば，労働審判はその効力を失い，労働審判事件は訴訟に移行します。つまり、最終的な紛争解決手段ではありません。しかし現実的には、労働審判となった紛争の約8割は、この審判で解決しているという統計があります。

労働審判は、上記のように、第1回期日までに一気に適切な準備をして、第1回期日で適切な対応をしなければならないので、弁護士などの専門家の助力を得たほうがいいでしょう。

## ❾ 労働訴訟とは

労働訴訟のイメージは、テレビでご覧いただく、正面の高い段に黒のガウンの裁判官が座り、左右に原告・被告の弁護士が向かい合って、中央に証言台がある、あの法廷のイメージです。民事訴訟法の厳格なルールに則って、当事者が主張及び立証をし、その提出された主張及び証拠に基づいて裁判官が事実認定をし、判決によって紛争が終局的に処理される手続きです。

第一審の平均審理期間は、1年弱となっていますが（ただし、労働審判に対する異議によって訴訟に移行した場合はもっと短くなります）。さらに、高等裁判所に控訴される確率も訴訟全体の平均より高く、労働審判と比較して多大な時間と労力がかかることがわかります。民事訴訟法の厳格なルールを理解しそれに則って手続きを進める必要があるので、弁護士などの専門家の助力が必要になるケースが多いと思われます。

## ❿ 残業代の紛争では、何が争点となり、何が証拠となるか

あっせんの場合でも、労働審判の場合でも、労働訴訟の場合でも、労使双方の意見が食い違う点が争点になり、その争点に対する判断をするために対応する証拠を提出していく、ということは共通です。もちろん、各紛争で事情が違うので、どこが争点となり何が証拠になっていくかは異なりますが、典型的な争点と対応する証拠を見てみましょう。

まず、本件で問題となっている残業代請求の紛争の、典型的な争点と証拠です。

[争点] 雇用契約・就業規則の定めの適切性

↑[証拠] 当該従業員の雇用契約書、会社全体に適用される就業規則、給与規程など

[争点] 残業代の計算方法（基本、割増）

↑[証拠] 当該従業員の賃金台帳、給与明細、計算方法の記録

[争点] 実際の労働時間

↑[証拠] 当該従業員の勤怠表、タイムカード、勤怠の記録と実際の労働状況が異なる場合、作業日報、メールの記録など

[争点] 既支給額

↑[証拠] 賃金台帳、給与明細、現実の支払いの記録

会社としては、従業員の残業代請求に備えるためには、上記のような証拠が整っていて、会社の言い分と合致していることが重要になります。

## ⑪ 解雇の紛争では、何が争点となり、何が証拠となるか

解雇の紛争（エピソード2参照）の、典型的な争点と証拠は、次のようなものです。

[争点] 雇用契約・就業規則上の解雇事由の定め

↑[証拠] 雇用契約書、就業規則

[争点] 解雇事由に該当する事実の存在

↑[証拠] 従業員の行動の記録、業務指示書、始末書

[争点] 解雇回避の努力

↑[証拠] 業務指示書、始末書、事前の懲戒処分

[争点] 解雇手続きの適正（1か月前の予告または解雇予告手当の支給）

↑[証拠] 解雇通知書、解雇予告手当の支払記録

## ⑫ セクハラの紛争では、何が争点となり、何が証拠となるか

セクハラの紛争（エピソード3参照）では、会社の負う責任は、①使用者責任（民法715条。被用者（従業員）の不法行為責任（民法709条）について、その利益

の帰属する使用者（会社）も責任を負うもの）、②債務不履行責任（民法415条。会社と従業員との間の雇用契約に基づく会社の職場環境配慮義務の違反の責任を問うもの）、があると説明しました。それぞれについての典型的な争点と証拠は、次のようになります。

① 使用者責任

［争点］加害者の業務上のセクハラ・パワハラの存在
↑［証拠］双方からの聞き取り、目撃証言
［争点］選任・監督に過失のなかったことの証明
↑［証拠］セクハラ防止対策の記録など
［争点］損害の存在、損害との因果関係
↑［証拠］診断書など

② 債務不履行責任

［争点］職場環境配慮義務違反の有無
↑［証拠］会社の取っているセクハラ防止対策の記録
［争点］義務違反と加害者の行為との因果関係
↑［証拠］加害者の行為について双方からの聞き取り、目撃証言
［争点］損害の存在、損害との因果関係
↑［証拠］診断書など

## ⑬ 会社は個別労働紛争にどのように備えたらよいか

極論すれば、「個別労働紛争が法的紛争になったら、ほぼ必ず会社が負ける」と思ってください。そもそも労働法は、使用者と労働者の労働契約上、使用者に対して弱い立場にある労働者を保護するための法律であるからです。仮に、会社には全く非がなく（実際にそういうケースは稀ですが）、労働者がクレーマー的な者であっても、紛争拡大のリスクを抑えるために、金銭解決を迫られることが多いのが実情です。したがって、個別労働紛争になってしまったら、ほぼ必敗であることを前提に、普段から備えをしておくことが重要です。

具体的には、次のような備えをしておきましょう。

●就業規則等を整えておくこと。たとえ従業員1名の

事業所でも、就業規則を整えておくべきです。解雇や懲戒処分などの正当性を支えるためには、就業規則の根拠が会社の最大の武器になります。

●労働契約書を整えておくこと。変更や更新があったときも明確な記録を残しておきましょう。

●採用（契約）、労働時間・休日の管理、人事考課、人事異動、懲戒処分、退職、解雇など、常に適正な手続きを踏んで、かつ証拠となる記録を残しておくこと。

●弁護士や社会保険労務士などの外部専門家は、予防的に活用しましょう。紛争が起こってからでは、既に不適切な手続を取ってしまっていたり、必要な証拠などがなかったりで、せっかく相談されても既にフォローのしようがない事態になってしまっていることが、非常に多いのです。

## アドバイス

今回のケースで、従業員からの申告で労基署が調査に入るということは、もし会社に非があれば労基署からの行政処分が待っていますし、従業員本人との関係ではその先に個別労働紛争が控えている、ということです。会社に非があるかないかに関わらず、労基署にはちゃんと対応しましょう。その際、会社の側の主張の内容やそれを支える資料については、よく準備してください。

**エピソード1**のときに説明したとおり、残業代の支払は労基法に基づくものなので、労基法どおりの処理をしていなかったとしたら、その支払は免れません。労働債権の消滅時効期間が2年なので、遡って2年以内の分は、支払わないと労働審判に進んで負ける可能性が高いです。会社にとっては、労働審判で敗訴するダメージのほうが大きいので、できるだけ労基署の段階で結着をつけてしまいましょう。勤務の状況、会社側の計算方法と支払い状況を労基署に報告すると、労基法に違反している部分との差額分について支払うように指導が出ると思われるので、それに基づいて対処するといいでしょう。

結局――
木島さんの残業代は
過去2年間にさかのぼって未払いの差分を支払う――
ということで決着した
まあ変にもめるよりはいいか
最初から落ち着いて書類読んでおけばよかったんですよ！
だってオレデザイナーだからさー
漢字ばっかりの文章読めないんだよ
はっはっはっ
それデザイナーとか関係ないですよ社長……
お疲れ様
清浦さん……

榎本くんもだいぶ法務に慣れてきたわね
色々なトラブルに巻き込まれましたからね
そりゃちょっとは……
実際お前はよくやっているよ
もう清ちゃんに助けてもらわなくても一人で大丈夫だな
ええっ
そんなことないですよ！まだまだ一人じゃムリです！
それにな……
営業部のヤツラから不満が噴出してるんだよ
清ちゃんを独占すんなって
早く自立してくれないと暴動になるぞ？
そっそんなあ
が――ん
それに取引も増えて経理も忙しいんだ
だからいつまでも法務の手伝いをしてる時間は……

今月分の入金処理は全て終わりました
後は社長の確認待ちです
え？そなの？
あとじゃダメ……？
めんどくさい
なるべく早めにお願いします
忙しいので
キッ
はい……
コエェ
仕方ありませんね
もうすこしだけなら手伝ってあげてもいいですよ
あっありがとうございます！
やったー！よかったぁ！
……時間があるときだけですよ？
あと反応が大げさです

# エピソード5

# 辞めるんですか、曾《そ》祢《ね》さん⁉
# 株式会社の仕組み‥
# 役員の選任と退任‥
# 株式の譲渡

この頑固頭！
ドーン
んだとこのスットコドッコイ！
レストランが受ければ
うちの家具のアピールもできるって言ってんだよ曾祢《そね》ちゃん！
デザインに自信があるから
真っ向勝負しようって言ったのはお前だろ松っぁん！
あの……なんの騒ぎ……？
あ……榎本くん
また社長がレストランやるって言い出して
営業部長とケンカを……
ギャーギャー

ゴ
そもそも知ってもらわなきゃ
これ以上広がりようがねえんだよ！アホ！
ゴ
ゴ
ゴ
家具しかやってこなかったバカが
レストランやって受けるわけねえだろ！ちったぁ頭使えバカ！
ゴ
2回もバカって言ったな！
バカっていう奴がバカだ！
子供のケンカかよ……
バカにバカと言ってなにが悪い！
もう我慢できねえ！
お前なんかクビだ！
こっちから辞めてやるよ！
後悔すんじゃねえぞ松つぁん！
オレは船は嫌いなんだよ
ギャー
その航海じゃねえよバカ
ギャー
大丈夫なのかなこれ……

翌日――
榎本ーー！
ダ
ダ
ダ
ダ
法務担当！
仕事だーー！
結局
こうなるのか
……
やっぱりね
……
曾祢ちゃんの
件なんだけどさ
あいつ
取締役だから
解任とかいろいろ
面倒くさいんだよ
はぁ～
後先考えないにも
程がありますよ
社長……
それで
辞めるかわりに
条件出して
きやがってさ
？
条件？
最初
オレと曾祢ちゃんと
もう一人の３人で
出資して
起業したんだけど
会社の株は
その３人で３等分して
持とうってことに
したんだ

それで辞めるならその株を買い取れ
って言い出したんだ
……買い取ればいいんじゃないですか？
問題はその金額なんだ
出資したときと同じ金額にしろって言うんだよ！
まあ……辞めるなら出した分を返せってことですよね
あはは
だけどな
会社の規模で考えたら株価がそんな額になるわけがない
あの野郎わざとふっかけてやがるんだ！
ダン
社長ムキになってるだけだよなあ
うーん
曾祢さんもそれをわかってて言ってるんじゃや……
いっそ曾祢さんと仲直りしたほうがいいんじゃないですか？

やだね！
経営の方向性の不一致……ってやつだ！
解散するバンドじゃないんですから……
おーう戻ったぞ
ギク
とっとにかく書類は例によって清ちゃんに用意してもらってるから
カチャ
解任の手続き頼むな！
えっちょっとどこ行くんですか！
社長ー？
なにも逃げるように行かなくても……
ハァ
ケンカ中だから顔合わせづらいのよ
どれだけ子供なんだか……
清浦さん……

ほんとうに曾祢さん解任しちゃっていいのかなあ
はあぁ
曾祢さん本人も辞めるつもりみたいだからしょうがないんじゃない？
ただ株を買い取るまでは辞任届けを書かないって言ってるけど
辞任届けって自分から辞める場合ですよね？
こっちから辞めさせる場合普通に解任……でいいんじゃないですか？
取締役を会社が勝手に解任ってできるのかしら
少なくとも社員を解雇するのと同じではないと思うけれど
それもそうですね……
うーん

取締役を解任する方法って他にないんですか?
役員のことを決めるとしたら株主総会かしら
やったことないけれど……
そもそも株を持っているのは社長たちですよね
はぁぁ
うまく解決できると思えない……
あと取締役会には3人必要ってことになっているけれど
このまま曾祢さんが辞めた場合
2人だけになってしまうのも問題ね
それじゃあ代わりの人を見つけないとダメってことですか?
そもそも人数が足りなくなる場合に解任できるのかどうか……
うーん

やっぱり曾祢さんの言うとおり
株を買い取るしかないのかな
その場合問題は買い取り額よね
そもそも株価って
どうやって決めてるんですか？
さあ……
証券取引所に上場でもしているならわかるけれど
う〜ん
困ったなあ……
うーむ
どうすればお互い納得いく形に出来るんだ……？
……それじゃあ
いつもの事務所に相談する？

解説

今回のご相談は、取締役の退任をどのようにしたらよいか、また株式の買取りはどのようにしたらよいかということですね。株式会社の基本的な仕組みをおさらいしつつ、今回の取締役の退任と株式の買取りを、どのように実現したらよいか検討しましょう。

## ❶ 株式会社とは何か

株式会社とは、理念的には、資金を有している（しかし経営手腕は有していない）株主が、「株式」という小口化された単位で出資して会社を所有し、経営手腕を有している（しかし資金は有していない）取締役などの経営者が、委任を受けてその出資を用いて事業を運営し、事業の利益を株主に配分する法人です。「所有（株主）と経営（取締役）の分離」を原則としています。所有者である株主の多数（株式数）によって重要な経営事項が決定される一方、経営の専門家である取締役には広範な裁量権が与えられています。

もっとも、日本の中小企業は、実体的には株主一族と経営者が一致していることがほとんどでしょう。

## ❷ 株式会社の機関にはどのようなものがあるか

株主総会、取締役、取締役会など、株式会社での各種の機能を果たす存在を「機関」といいます。会社法上、機関の設計は、様々な組み合わせを選択することができます。

会社法上で定められている機関を一覧表にすると、**図表5－1**のようになります。

この解説では、紙面の関係上、今回のご質問に関係があり、実際に中小企業の実務での問題が圧倒的に多い株主総会と取締役・取締役会のみについて、説明を加えることにしましょう。

## ❸ 株主総会とは何をする機関か

株主総会は、会社の基本的事項について意思決定を

[図表 5-1] 株式会社の機関

| 機関名 | 概　要 | 設置の必要性 |
|---|---|---|
| 株主総会 | 株主を構成員として、会社の基本的事項について意思決定を行う最高議決機関 | 全ての株式会社で必要 |
| 取締役 | 株主総会の決議によって選任され、会社の経営を委任された者 | 全ての株式会社で最低１人必要。取締役会設置会社では３人以上必要 |
| 取締役会 | ３名以上の取締役で構成される、業務意思決定機関 | 非公開会社では任意、公開会社では必要 |
| 代表取締役 | 対外的代表権を有する取締役 | 取締役会設置会社では必要。それ以外は任意 |
| 監査役 | 株主総会の決議によって選任され、取締役及び会計参与の業務を監査する者。 | 大会社でない非公開会社では任意。大会社、公開会社では必要。ただし、監査等委員会設置会社、指名委員会等設置会社では設置できない |
| 監査役会 | ３名以上の監査役で構成される、適切な監査意見を形成するための調整機関 | 大会社の公開会社で必要 |
| 監査等委員会 | 取締役会の一組織であり、取締役である監査等委員から構成される監査を行う機関 | 取締役会設置会社のみ任意で設置できる。会計監査人の設置が必須 |
| 指名委員会、監査委員会、及び報酬委員会 | 取締役会の一組織であり、指名委員会は取締役の選・解任に関する議案内容を決定、監査委員会は取締役及び執行役の職務の監査、報酬委員会は取締役・執行役の報酬を決定する機関 | 取締役会設置会社のみ任意で設置できる。会計監査人と執行役の設置が必須 |
| 会計監査人 | 会計監査を行う専門家。監査法人又は公認会計士 | 大会社、監査等委員会設置会社、指名委員会等設置会社では必要。その他は任意 |
| 会計参与 | 取締役等と共同して計算書類等を作成する機関 | 全ての株式会社で任意 |

行う最高議決機関で、**図表5－2**のような事項を決議します。

なお、株式の譲渡制限を新たに付す場合の定款変更など、さらに要件の重い特殊決議（309条3項、以後、条文は全て会社法）もあります。

## ❹ 株主総会はどのように運営するか

### ① 実際に株主総会を開催する場合

(1) 招集手続き（会社法296条〜）

●招集権者：取締役。取締役会がある場合は、議案は取締役会が決定します。なお、少数株主（6か月前より総株主の議決権の100分の3以上の株式を有する株主）による招集の制度もあります。

●招集通知発送期限：会日より2週間前（書面決議を採用していない非公開会社においては1週間前）に、株主に対して発送。株主名簿記載の登録住所に「発送」すれば足り、実際に株主に到達しなくても、招集通知としては有効になります。

●全株主の同意がある場合は、招集手続きは不要となります。

(2) 議事運営（308条〜）

株主総会の議事運営は、議長（定款で定められていたり、株主総会で決定したりします）に大きな権限が委ねられています。議事の順序、質疑応答の採否や説明の程度、採決の方法など、議案の審議が尽くされる限度で、議長の判断・指示で進めることができます。

(3) 議事録（318条）

株主総会が終了したら、議事録を作成する必要があります。内容は法務省令で定まっています。議事録作成者（通常は代表取締役がなります）が書面又は電磁的記録をもって作成し（定款に定めていない限り押印義務はありません）、株主総会の日から本店に10年間、支店に写しを5年間備え置き、株主の閲覧謄写に供しなければなりません。

### ② 株主総会決議の省略（書面決議）（319条）

定款で定めがある場合、株主総会の決議の目的たる

［図表 5-2］株主総会決議事項

| 決議の種類 | 主な決議事項 | 定足数と決議要件 |
|---|---|---|
| 普通決議<br>（309 条） | ・計算書類の承認<br>・剰余金の分配<br>・自己株式の取得（特定の者からの取得を除く）<br>・法定準備金の減少<br>・会計参与の選任・解任<br>・会計監査人の選任・解任<br>・取締役の報酬<br>・監査役の報酬<br>・株主総会の運営に関する事項、総会検査役の選任、株主総会の延期・続行 | 【定足数】<br>議決権を行使できる株主の議決権の過半数を有する株主が出席。定款で別段の定めをし得る。多くの会社は、定款で普通決議の定足数を排除している。<br>【決議要件】<br>出席株主の議決権の過半数。定款で別段の定めをし得る。 |
| | ・取締役の選任・解任<br>・監査役の選任（341 条） | 【定足数】<br>議決権を行使できる株主の議決権の過半数を有する株主が出席。定款で別段の定めをし得るが、3 分の 1 以上でなければならない。<br>【決議要件】<br>出席株主の議決権の過半数。定款で別段の定めをし得るが、過半数を上回る場合でなければならない。 |
| 特別決議<br>（309 条 2 項） | ・定款変更<br>・株式併合<br>・特定の者からの自己株式の取得<br>・第三者に対する新株・新株予約権の有利発行<br>・資本金の額の減少<br>・監査役の解任<br>・株主総会による取締役・監査役・会計監査人等の責任軽減<br>・事業の全部の譲渡などの承認決議<br>・合併・会社分割・株式交換・株式移転の承認決議<br>・株主総会決議による解散 | 【定足数】<br>議決権を行使できる株主の議決権の過半数を有する株主が出席。定款で別段の定めをし得るが、3 分の 1 以上でなければならない。<br>【決議要件】<br>出席株主の議決権の 3 分の 2 以上。定款で別段の定めをし得るが、3 分の 2 を上回る場合でなければならない。 |

事項について、取締役又は株主から提案があった場合において、その事項につき議決権を行使することができる全ての株主が、書面によってその提案に同意したときは、その提案を可決する旨の株主総会の決議があったものとみなすことができます。この場合は、全員が同意書面に署名又は記名押印する必要があります。

### ③ 登記

株主総会決議事項のうち、定款変更による商号や本店などの変更、株式や資本関係の変動、役員の変更など、商業登記の登記事項について決議した場合は、2週間以内に登記をすることが必要です（915条）。この登記を怠ると、過料の制裁があります（976条）。

## ❺ 取締役とは何をする機関か……取締役会を設置しない場合

取締役は、会社から委任されて経営を行う、株式会社の必須機関です。会社と取締役の関係は、委任契約となります。

取締役の権限は、取締役会が設置されているか否かで異なります。

取締役会が設置されていない場合の取締役は、会社の業務執行に関する意思決定の権限、業務執行の権限、会社の代表権（会社に法的効果を帰属させる効力をもって行為する権限）の全てを持っているのが原則です（348条）。

業務執行に関する意思決定は、取締役が複数いる場合は、取締役の過半数で行います。登記には、「取締役決議書」（「取締役会議事録」ではなく）などの書面が必要となります。

会社の代表権に関しては、原則として各取締役がそれぞれ単独で会社の代表者として、会社に行為の法的効果を帰属させる効力をもって行為することができます。しかし、定款の定め、定款の定めに基づく取締役の互選、または株主総会決議のいずれかの方法で、特定の取締役を代表取締役に選出することもでき、その場合は代表取締役以外の取締役は代表権を有しないことになります（349条）。

## ❻ 取締役とは何をする機関か……取締役会を設置する場合

取締役会設置会社では、会社の業務執行に関する意思決定の権限、業務執行の権限、会社の代表権が、次のように分化します。

① 業務執行に関する意思決定の権限…取締役会
② 社内における業務執行の権限…各取締役
③ 会社の代表権…代表取締役（取締役会で選任されます）

## ❼ 取締役会とは何をする機関か

取締役会の主な決議事項と定足数・決議要件は、**図表5－3**のとおりです。

[図表 5-3] 取締役会決議事項

| 主な決議事項（362条） | 定足数と決議要件（369条） |
|---|---|
| ・重要な財産の処分と譲受<br>・多額の借財<br>・代表取締役の選任と解任<br>・支配人その他の重要な使用人の選任と解任<br>・支店その他の重要な組織の設置・変更・廃止<br>・社債を引き受けるものの募集に関する重要な事項として法務省令で定める事項<br>・取締役の職務の執行が法令と定款に適合することを確保するための体制その他株式会社の業務の適正を確保するために必要なものとして会社法施行規則で定める体制の整備<br>・定款の規定に基づく役員等の責任軽減 | 議決に加わることができる取締役の過半数が出席し、その過半数をもって行うのが原則。定款でこれを上回る割合を定めることができる。<br>＊決議について特別の利害関係を有する取締役は、取締役会の決議に参加できない（会社と取締役との利益相反取引の承認について、その取引を行う取締役など）。 |

## ❽ 取締役会はどのように運営するか

### ① 実際に取締役会を開催する場合

（1）招集手続（366条〜）

●招集権者：原則として各取締役。定款又は取締役会で定めたときは、その取締役。

●招集期限：原則として1週間前（定款で短縮可能）。書面の発送は不要ですが、各取締役に連絡が到達する必要があります。

●取締役・監査役全員の同意があるときは、招集手続は不要となります。

（2）議事録（371条）

取締役会が終了したら、議事録を作成する必要があります。内容は法務省令で定まっています。議事録は書面又は電磁的記録をもって作成し、書面をもって作成されているときは、出席した取締役及び監査役は、これに署名し、又は記名押印しなければなりません。

作成された議事録は、株主総会の日から本店に10年間、支店に写しを5年間備え置き、株主の閲覧謄写に供しなければなりません。ただし、監査役設置会社又は委員会設置会社では、取締役会議事録の閲覧謄写には裁判所の許可が必要となります。

### ② 株主総会決議の省略（書面決議）（370条）

定款で定めがある場合、取締役が取締役会の決議の目的である事項について提案をした場合において、その提案につき議決に加わることができる取締役の全員が書面により同意の意思表示をしたときは、当該提案を可決する旨の取締役会の決議があったものとみなすことができます。

### ③ 登記

取締役会決議事項のうち、募集株式の発行などによる株式や資本関係の変動、代表取締役の変更など、商業登記の登記事項について決議した場合は、2週間以内に登記をすることが必要です（915条）。この登記を怠ると、過料の制裁があります（976条）。

## 9 取締役はどのように選任され、どのように退任するか

取締役の選任は、株主総会で行います。これは前述のとおりです。

取締役の退任は、①任期満了、②辞任、③解任、④死亡によって発生します。

### ① 任期満了

会社法では、株式会社の取締役の任期は、選任後2年以内（委員会設置会社では1年以内）に終了する事業年度のうち最終のものに関する定時株主総会の終結の時までとされています。ただし、非公開会社では、取締役の任期は10年まで伸長することができます（332条）。

ただし、任期が満了しても、取締役の義務が解かれないことがあります。法令または定款に定める取締役の最低人数が欠けた場合には、任期満了により退任した取締役は、新たな取締役が就任するまでなお役員としての権利義務を有すると定められています。具体的には、登記簿に退任登記ができないので、対外的には取締役として認識され続けることになります。

### ② 辞任

辞任は、取締役からの一方的な委任契約の解除です。会社の同意を得ずに、取締役から一方的にできます。ただし、引き継ぎを行わずに突然辞任するなどで会社に損害を発生させた場合は、会社や第三者に対して損害賠償の義務が発生する場合がありますので、注意が必要です。

また、辞任による取締役の退任の場合も、取締役の最低人数が欠ける場合には、取締役の義務が解かれないことは、任期満了の場合と同様です。

### ③ 解任

解任は、会社からの一方的な委任契約の解除です。取締役・監査役は、前述のとおり、定款に特別な定めがない限り、株主総会の決議で解任できます。代表取締役は、定款に特別な定めがない限り、取締役会の決議で解任できます（代表権のない平取締役となる）。

ただし、解任された役員から、突然の解任によって

生じた損害の賠償請求を受けるおそれがあります。解任決議の無効を争われるケースも少なくなく、もし裁判で無効と判断されると、会社の混乱は深刻になります。また、法的な問題ではありませんが、解任された役員が会社の誹謗中傷をするおそれや、登記簿の役員欄に「解任」の記載があると、取引先などから「なぜだろう？　この会社大丈夫かな？」という目で見られる可能性があります。取締役の解任は、会社にとってはいろいろ危険が多いので、あまり望ましい方法とはいえません。

解任については、取締役の最低人数が欠ける場合にはできないという制限はありません。欠員が生じてしまった場合は、直ちに株主総会によって新たな取締役を選任するか、裁判所に仮取締役を選任してもらう必要があります。

### ④ 死亡

取締役死亡の場合も、これにより欠員が生じてしまった場合は、直ちに新たな取締役または仮取締役で補う必要があります。

## ⑩ 会社主導で取締役を退任させるには

今回のご相談は、会社主導で取締役を退任させるために、どのような手法があるかということでした。上記の説明から考えると、次のとおりになります。

（1）辞任を要請する…取締役本人が納得するのであれば、これが最善でしょう。

（2）任期満了まで待つ…取締役本人が納得しない場合、任期満了まで待っても会社の業務上支障が生じないのであれば、それが次善の手段でしょう。

（3）解任する…必要な株主総会決議ができれば、解任することも可能ではあります。しかし、解任は会社にとって危険が多いので、できれば避けたほうがよいでしょう。

## ⑪ 株式とは何か、株式の譲渡自由の原則と譲渡制限とは

株式とは、株式会社に対する出資が小口化された単

位です。株式会社の経済実体を維持するために、出資としていったん払い込まれた株式は原則として払い戻すことが認められず、株主が株式による投資を回収するためには株式を第三者に売却することによる、というのが株式会社の理念的な原則です。上場企業は、この理念的原則に従っています。

しかし、一定の人間関係を会社の存在基盤として成り立っている小規模な会社では、株式の第三者への自由な流通を認めると、会社の存在基盤がなくなってしまいます。そこで、会社は、株式の譲渡には株主総会や取締役会などの承認を要するとする制限を、定款で置くことができます。これを、株式譲渡制限会社、あるいは非公開会社といいます。現実には、上場企業以外のほとんどの企業はこの状態となっています。

## ⑫ 株式の譲渡にはどのような手続きが必要か

### ① 当事者間の契約

株式は、当事者間の売買契約や贈与契約によって譲渡されます。対象となる株式や株価などを、契約の中で決定します。

株価の決定方法については、次のような方法が考えられます。

（1）取得時の価格
（2）簿価純資産額
（3）時価純資産額
（4）DCF法
（5）税務通達の計算方法による場合

詳細については、**エピソード7**の解説中「買収価格はどのように決まるのか」をご参照ください。上記（3）から（5）までの計算をするには、専門家の助力が必要でしょう。

### ② 会社に対する手続き

（1）名義書換

当事者間で譲渡が有効に発生しても、会社に対しては、所定の手続きをとらないとその効力を主張できません（130条）。

会社との関係では、株主の地位の移転の効力は、会社に対して名義書換請求を行い、株主名簿の書き換えがなされることによって発生します。その具体的な手続きは会社の定款に定められていることが多いので、確認した上で手続きを行いましょう。一般的には、会社所定の請求書に譲渡人・譲受人が連名で署名または記名押印し提出することを求める定款規定が多いと思われます。

(2) 非公開会社における譲渡承認手続き（136条～）

また、非公開会社については、会社の定款所定の手続きによる譲渡承認を経ることが必要です。この手続きは、以下のようになります。

① 株主から会社に対して、株式の譲渡承認請求をします。また併せて、会社が譲渡を承認しない場合には、会社による株式買取りもしくは買取人の指定を請求します。一般的には、売主・買主・株式の種類と数の特定と、承認しない場合は会社による株式買取りもしくは買取人の指定をする旨記載した書面を提出して行います。

② 会社は、所定の機関において譲渡を承認するか不承認とするか決定し、株主へ通知します。2週間以内に通知がない場合は譲渡が承認されたものとみなされます。

③ 会社が株式譲渡を不承認とした場合、会社が買い取ることもしくは指定買取人を指定します。会社が買い取る場合は40日以内に、指定買取人を指定する場合は10日以内に、1株当たり純資産額に株式数を乗じた額を供託し、株主に通知します。この通知が行わなければ、譲渡が承認されたものとみなされます。

④ 株式の売買価格を、会社又は指定買取人と株主とで協議して決定します。

⑤ 価格の協議が成立しない場合、株主は裁判所に対して売買価格の決定の申立てをします。買取りの通知から20日以内に裁判所に価格決定の申し立てがない場合には、売買価格は会社・指定買取人が行った供託額となります。

## ⑬ 会社主導で株主に株式を手放してもらうには

様々な事情で、会社が株主に株式を手放してほしいと望むケースはよくあります。特に、「会社で買い取りたい」と考えることが多いものです。しかし、株式は株主の権利ですから、原則としては株主の意に反して株式を取り上げることはできません。また、会社による自己株式の取得には厳密な制限があります。先に述べたような株式会社の経済実体を維持するために、出資としていったん払い込まれた株式は原則として払い戻すことが認められないためです。

（1）会社による自己株式の取得（155条～）

会社法上、自己株式の取得が認められるのは、**図表5-4**のような場合です。

（2）第三者（他の株主など）による買取交渉

相手方と価格などの条件面で折り合うことができるなら、関係する第三者を買受人にして買取りをしてしまうほうが簡単です。会社の資金で株式を買うのと似たような効果をあげるために、買受人が会社から取得

［図表5-4］自己株式の取得が認められる場合

| | |
|---|---|
| 取得条項付株式、全部取得条項付株式、取得請求権付株式の取得 | 株式の発行時に、将来的に会社がその株式を取得することを前提とした株式として発行している場合は、その定めに従って自己株式を取得できます。 |
| 譲渡制限株式の取得 | 非公開会社において会社が株式の譲渡承認をしない場合の自己株式の取得。詳細は前述のとおりです。 |
| 株主総会の決議による取得 | 株主総会の特別決議で相手方や価格を承認した場合は、自己株式を取得することができます。 |
| 株式相続人等への売渡請求に基づく取得 | 株主に相続が起こったときは、非公開会社でも譲渡承認の余地なく相続人に株式が移転してしまいますが、これでは会社は困るので、定款で予め定めておくことにより、かかる場合に株式の売渡が請求できます。 |
| 端数処理手続きにおける買取り | 株式の併合等で1株に充たない端数の株式が発生してしまう場合、これを現金で買い取ることができます。 |
| 組織再編時 | 合併や会社分割等の組織再編が行われる際、これに反対する株主からの株式を買い取る制度があります。 |

資金の貸付けを受けることもあります。ただし、会社からの資金の貸付けについては、利益相反取引になったり、会社の目的外行為になったり、貸金業法違反の問題になる可能性があったりしますので、十分に注意してください。

なお、次に説明する「株主間契約」が存在し、そこに株式の譲渡のルールの定めがある場合には、その定めに従うことになります。

## ⑭ 株主間契約が存在する場合はどのようになるか

共同事業など、同族でない株主が複数存在する非公開会社では、株主間契約（名称は「株主間協定」や「投資契約」などであることもあります）が締結されることがあります。会社法で定める株主の関係よりも、より詳細に、会社の経営や株式の移転について定める契約です。いわゆる合弁企業の設立のときや、ベンチャー企業に対して投資がなされるときには、必ずと言っていいほど締結されます。およそ以下のような内容が定められます。

- 会社の定款の内容、その他の会社の根本事項の定め。
- 当初の出資比率の定め、及び以後の持ち株比率変動の定め。基本的に、他の株主の同意のない限り、持ち株比率が変動しないような義務が課されます。
- 役員構成の定め。どの株主が何の役員を何人指名するか、それを株主総会や取締役会で承認する義務などが定められます。
- 意思決定過程の定め。株主総会・取締役会の意思決定事項の詳細の定め、株主総会・取締役会以外の場での株主間の協議の定めなどです。
- 重要な業務遂行事項（契約、資金調達など）に関する定め。
- 報告事項の定め。
- 共同出資関係解消時の定め。承諾のない譲渡の禁止、ある株主が株式の譲渡をする場合、他の株主が優先してこれを買い取ることができる権利（先買権）、ある株主が第三者に株式を売り渡す場合、他の株主が同一の条件で株式を売り渡すことのできる権利（売渡権）、契約の違反があった場合に、株式を買い戻させることのできる権利（買戻権）など。

株主間契約に会社法と異なる権限や手続きを定めても、会社法は私人間の契約で変更することのできない強行法規なので、会社法が適用されなくなってしまうわけではありません。しかし、株主間契約は当事者間の権利義務関係の定めとしては原則として有効で、違反すると損害賠償請求権が発生するという効果が与えられることにより、当事者間では拘束力を持ちます。また、ベンチャー企業への投資の際には、株主が変動する際にこの株主間契約の義務が課されていないか必ずチェックされるので、事実上の対第三者への拘束力もあります。紛争を未然に防ぐ効果があり、合弁企業やベンチャー投資でない会社でも、積極的に活用できると思います。

## アドバイス

今回のご相談について、取締役を解任することは、取締役会も開けるし、株主総会も開けるので、法律的には可能です。しかし、先に説明したように、取締役の解任は、損害賠償や無効を主張する紛争の可能性など、会社にとって危険が多いものです。また、後任をすぐに選任できない状況で解任すると、法令・定款違反状態が継続することになります。ですから、解任はできれば避けたほうがよいでしょう。本人には、できるだけ納得の上での辞任を求めるようにしましょう。また、欠員の問題ですが、あらかじめ定款変更をして取締役会の制度を廃止しておくと、取締役が3名以上必要だという人数の下限を外すことができますので、すぐに後任が選任できなくても欠員という法令・定款違反状態を避けられます。そのようにしてはいかがでしょうか。

株式の買取りは、会社側から強制的に行うのは不可能です。双方納得のために、株価算定を専門家に相談して客観的な意見を述べてもらった上で、社長や関係者のどなたかに売り渡してもらうよう交渉するのではいかがでしょうか。

結局――
株は税理士に算定してもらった額で買い取るということで決着
曾祢さんもそれで納得して辞任届けを出してくれた
また取締役会はなくす形に定款も変更した
……というこことで
お疲れ様っしたー!
お疲れ様でした!
お疲れ様でした!
カン
カン

わざわざ送別会なんていらねえってのに
オレはやりたくなかったんだけど
営業の連中がどうしてもっていうからな……
ふん！
店探しから予約まで全部
社長がやってたくせに……
まあでも……
一応なんとかなってよかった
聞いたぞ今回の件でいろいろ世話になったみたいだな
……曾祢さん
いやあ清浦さんに頼りっぱなしで……
ははは おめえらしいな
……なあ榎本

別に
ケンカしたから
辞めるわけじゃ
ねえんだ
松つぁんもな
そろそろ独り立ち
しなきゃならねえ
時期なんだ
あいつには
あいつのやりたい
ことがある
オレが足かせに
なっちゃあ
いけねえのよ
曾祢さん……
おめえにならあいつのこと頼めそうだ
まだまだ危なっかしいやつだからしっかり見ててやってくれよ
はい！

エピソード6

# 曾祢さんがライバル⁉

## 競業禁止・営業秘密管理・個人情報保護

Matsu Design
タッ
タッ
フンフフン
フンフーン
タッ
タッ
タッ
オレもだいぶ経験を積んできたよなあ
曾祢さんの件も完璧に処理できたし
もう少ししたら清浦さんや例の事務所に頼らなくても
一人で法務処理できるようになるかも！
そしたら……
『見直したわ』なーんて清浦さんに言われたりして
ウヘヘヘ

なんだと!
見損なったぞ
あの野郎!
ぽか-ん
よお
榎本
聞いたか?
竹企画の話
うちと同じで
デザイン家具を
作ってるところ
ですよね
そこが
どうかしたん
ですか?
曾祢さんが
以前
うちをやめた
デザイナーと
組んで
竹企画で
新ブランド
立ち上げる
らしいんだよ
ええっ?
榎本ー!

なんで辞めたばっかりの曾祢ちゃんが
こんなことしてんだよ！
なんでって言われても……
あわわわ
曾祢ちゃんは営業部長だったんだぞ
あいつのアドレス帳にはうちの顧客の情報も入ってるんだ！
新ブランドの立ち上げにそれを利用されたら
大打撃だ！
榎本いますぐやめさせて来い！
そんなこといったって……
オロ
オロ
もう辞めた人だし……

辞めるときに誓約書かなにか書いてもらわなかったのか？
そういうのはないです……
それじゃあどうするんだよ！
こっちからはなんにもできないのか！
でっでも
曾祢さんがうちの会社に不利益なことするはずが……
いいか榎本……
『信じる』って言葉は
交わしたヤツラの間でしか有効じゃない
だがこれは会社と会社の問題なんだ
今すぐ曾祢ちゃんとこ行って
誓約書書いてもらって来い！
はっ
はい……！

おいおい
いまさら んなこと 言われてもなあ
いくら 松つぁんの頼みでも それは書けねえな
そ……
そんなあ……
がーーん
がっ
くり
どうしたの？
清浦さん……

大体の話は わかったけど ……
どうしたら 曾祢さんに
営業先の情報を 使うのをやめて もらえるか……
あっ
顧客情報の 持ち出し ……ってことで 対処できない ですか？
営業秘密に あたるし……
どうかしら ……？
確かに顧客情報は 会社にとって 重要なことが 多いけれど
顧客リストは みんなで共有して 持っていたし
曾祢さんが 持っていったのは 私物のアドレス帳 でしょう？
それを 営業秘密として 主張できるの ……？
うーん ……
そうだ！

個人情報保護法は？
ぱあっ
それで使用を止められませんか？
個人じゃなくて会社の情報でしょ？
営業先の担当の名前や携帯メルアドは個人情報ですよ！
個人情報保護法は漏洩しないようにっていう法律じゃない？
この場合怒られるのはうちの会社じゃないかしら
うっ……
そもそも役員が辞めてすぐ同業他社に入るのってどうなんですか？
競業避止義務ってあったじゃないですか！
それも結局就業規則だから
もう辞めてしまった人相手にどれだけ意味があるか……
うう……
それもそうですね……
う～

そもそも曾祢さんの新ブランドだって
これからはじめるところでしょう?
営業先の情報もなにも
始まってもいないものをどうにかする法律ってあるのかしら?
う……
ど……
どうしたらいいんだ……
うううう
じゃあ
いつもの事務所に相談してみる?

## 解説

今回のご相談は、退職取締役・従業員が、会社の取引先情報を使って競業するのに対し、①退職取締役・従業員に競業禁止の義務はあるのか、②営業秘密保護や個人情報保護を定める法律によって止めることができるのか、ということですね。順に説明していきましょう。

### ❶ 在職中の取締役・従業員にはどのような競業避止義務があるか

この点について解説する前に、在職中の取締役や従業員には会社の事業と競合する行為をしてはならないという義務（競業避止義務といいます）があるかについて説明します。

結論から言うと、取締役には会社法で競業避止義務（会社法356条）や忠実義務（同355条）が定められており、株主総会（取締役会設置会社では取締役会）に競業行為の内容を説明した上でその承認を得なくてはならないとされています。また、従業員については、仮に就業規則等で競業行為の禁止を定めていない場合であっても信義則上競業避止義務が認められているといわれています。このように、会社在職中は取締役・従業員の双方とも当然に競業避止義務が認められています。もっとも、これらの在職中の取締役・従業員が競業避止義務に違反した場合、損害賠償は認められていますが、競業行為を中止しろという、差止までは求められないことに注意してください。

### ❷ 退職後にも取締役・従業員の競業を禁止することができるか

それでは取締役や従業員が退職後に競業行為を行った場合、在職中と同様に当然に競業避止義務が認められるのでしょうか？

会社としては、退職者が起業したり、ライバル会社に就職して在職中に知った取引先や知識を利用されては困ることは在職中と変わりありません。しかし、退職者としては会社を退職した後生計を立てるためには、それまでの知識・経験を利用したいと考えるのが通常ですし、職業選択の自由が憲法上保障されています。

このため、就業規則等に退職後の競業避止義務について何ら定めがない場合、退職者の競業行為は原則として法律上問題となりません。最高裁も退職者の競業行為が「社会通念上自由競争の範囲を逸脱した違法な態様で元雇用者の顧客を奪取したとみられる」といった特に悪質な場合にのみ例外的に損害賠償義務を認めています。

したがって、退職後の競業避止義務を課すためには就業規則にこのような義務を定めたり（ただし取締役には就業規則の適用がないことに注意してください）、退職時に競業行為を行わないという誓約書を書いてもらうことが一般的です。もっとも、退職時に誓約書にサインを求めたとしても拒否されることも考えられますので、入社時や在職中に重要なプロジェクトに参加する際にも誓約書へのサインを求めることをお勧めします。

それではこのように就業規則に退職後の競業避止義務を定めた場合や退職時に競業行為を行わないという誓約書を書いてもらった場合、退職者は当然に競業避止義務を負うのでしょうか？

答えはノーです。先ほども述べたとおり、退職者には職業選択の自由が憲法上の権利として保障されているため退職者に過度の制約を課す内容は無効、あるいは競業避止義務が一定の範囲内に限定されるというのが裁判所の傾向です。

一般に裁判所が競業避止義務の内容が過度に制約的なものかどうかを判断する際には、次の6つのポイントを総合的に判断していると言われています。①**守るべき企業の利益**があるかどうか（後述の「営業秘密」に限定されません）、②上記①を踏まえつつ、競業避止義務契約の内容が目的に照らして**合理的な範囲**に留まっているか（**従業員の地位**が競業避止義務が認められる立場にあるか（形式的な地位ではなく、具体的な業務内容の重要性、会社が守るべき利益とどのように関わっているかが問題となります））、③**地域的な制限**があるか（ただし地域的制限がないからといってすぐに無効とされるわけではありません）、④競業避止義務の**存続期間**（1年以内の期間については認められる傾向にあります）、⑤禁止される**競業行為の範囲**について必要な制限がかけられているか（競業他社への就職を一律に禁止するのではなく、業務内容や職種を限定した場合、認められる傾向にあります)。⑥**代償措置**が講じられているか(競業避止義務を課すことの代償として、一定の手当等の支払いがされているかが問題となります。「手当」と書きましたが、手当である旨明示されていない場合であっても、給与額によっては代償措置ありとされます。)

これらの要素を見ていただくと想像できるように、裁判所が競業避止義務を認めるにはかなりのハードルがあり、特に一般の従業員に対して競業避止義務が認められる可能性はあまり高くありません。

しかし、誓約書を提出してもらう際の退職者の対応で危険を事前に察知できる可能性がありますし、日頃から競業避止義務について説明することにより、退職者に対する心理的な牽制の効果が期待できます。会社の事務作業とのバランスにもなりますが、日頃の教育が重要でしょう。

## ❸ 営業秘密を保護する「不正競争防止法」

退職者に競業避止義務を課す以外に、退職者が顧客名簿を持ち出したり、製造工程や配合指示書を持ち出す行為についてどのような対応策が考えられるでしょうか。

この点について規定した法律が、不正競争防止法です。不正競争防止法では、2条1項4号から9号で、①「営業秘密」を不正に取得したうえで使用・開示する行為(4号)、②不正取得行為があったことを知りながら、あるいは重過失によりこれに気付かずに「営業秘密」を使用・開示する行為(5号)、③「営業秘密」を取得後、不正取得行為があったことを知りながら、あるいは重過失によりこれに気付かずに「営業秘密」を使用・開示する行為(6号)、④権利者から「営業秘密」を正当に開示された後、不正の利益を得たり、保有者に損害を与える目的(「図利加害目的」といいます)で「営業秘密」を使用・開示する行為(7号)、⑤図利加害目的又は秘密を守るべき義務に違反して「営業秘密」の開示を受けていることを知りながら、あるいは重過失によりこれに気付かずに「営業秘密」を使用・開示する行為(8号)、⑥「営業秘密」を取得した後、「営業秘密」について図利加害目的又は秘密を守るべき義務に違反して「営業秘密」の開示を受けていることを知った上で、あるいは重過失によりこれに気付かずに「営業秘密」を使用・開示する行為を不正競争としています。

そして、このような「営業秘密」に関する不正競争行為に関しては、その使用や開示をするなどという差止請求権や損害賠償請求権が認められるとともに（不正競争防止法上、損害額の推定規定もあり、立証が容易化されています）、「営業秘密」を不正に取得した者やこれを利用・開示した者については、一定の場合に刑事罰（懲役刑まで認められています）が課されます。

## ❹ どのような情報が「営業秘密」として保護されるか

これまでの解説をご覧になると、不正競争防止法の適用を受けるには、「営業秘密」であることが要件であることがおわかりかと思います。

営業秘密という言葉は、日常的に使われていますが、私たちが考える営業秘密が全て不正競争防止法にいう「営業秘密」に該当するのでしょうか。

この点、不正競争防止法にいう「営業秘密」に該当するには、①**秘密として管理されていること**、②**公然と知られていないこと（非公知性ともいいます）**、③**事業活動に有用な技術上または営業上の情報であること、**が要件とされていて、これらの要件を満たさない場合、不正競争防止法に基づいて差止等の請求はできないことになります。

裁判でしばしば問題となるのが、①の秘密管理性の要件と②の非公知性の要件です。

これらの要件を満たすには一般的に、①書類に「社外秘」、「極秘」等の表示をしておいてその情報が営業秘密であることをわかるようにしておいたり、②ファイルにパスワードを設定したり、鍵のかかったロッカーで保存したり、③営業秘密にアクセスできる者を限定する、といった行為が必要とされています。

また、ファイルにパスワードを設定していたとしても、従業員がパスワードを思い出すのが面倒ということで附箋等にパスワードを書いてパソコン等に貼り付けていたのでは、従業員であれば誰でもパスワードを知って情報にアクセスすることができることになってしまいます。このため、裁判所に秘密管理性が不十分として営業秘密であると認定してもらえないといった事案をしばしば見かけます。

このように不正競争防止法の保護を受けるためには、①会社としてどのような情報を営業秘密とするのか選別し、②そのような営業秘密をどのようにして管理するのか規定を作った上で、③規定内容を実践するために管理や従業員の教育を徹底する必要、があります。不正競争防止法というのは解説したとおり差止や刑事罰まで認められる非常に強い権利なので仕方のないことですが、事業活動上の手間とのバランスを考えて、個々の会社ごとに適切と考えられる手段を講じる必要があります。

## ❺ 秘密保持契約にはどのような効果があるか

不正競争防止法に関連するものとして、秘密保持契約（NDA、CAということもあります）があります。

皆さんも取引を行う際に、あるいは会社を退職するにあたって、取引の相手方や会社からこのような契約書へのサインを求められることがしばしばあるかと思います。

このような秘密保持契約を締結する目的は、既に開設した秘密管理性・非公知性を確保する点にあります。

また、秘密保持契約上、相手方に開示した秘密情報について契約目的外での使用を禁止したり、第三者に開示することを禁止するといった規定を設けることが通常です。相手方がこのような契約上の義務に違反して使用や開示をしようとした場合、不正競争防止法に加え、契約義務に基づいて使用や開示の中止を求めることも可能です。さらに、既に解説したとおり、退職時の競業避止義務は1年から2年程度しか認められないのが通常です。これに対して、秘密保持義務については競業避止義務よりも長い期間課すことが可能ですので、競業避止期間経過後に競業他社に就職したり、自ら起業した場合であっても、会社在職中に知り得た知識やノウハウ等といった秘密を使用してはならないという義務を課すことも可能です。

日常的にみる秘密保持契約書ですが、いざという場合には心強い味方になり得ることにご留意ください。

## ❻「個人情報保護法」とは何を保護しているのか

**エピソード6**で主人公が、個人情報保護法に基づいて取引先の情報等の使用を差し止めできないかと言っています。このような質問はたまに受けるのですが、個人情報保護法とは全く異なるものです。

個人情報保護法は、「個人情報」について「個人情報取扱事業者」に対し、①「個人情報」の利用目的を特定するとともに目的外の利用を禁止し、②「個人情報」の適正な取得と取得時の利用目的の通知、③個人データ内容の正確性の確保（入力時の照合手続等の整備や保存期間の設定）、④安全管理措置（セキュリティ確保のためのシステムの導入や責任体制の確保等）を執ること、⑤従業員や委託先の監督を行うこと（従業者への教育や委託にあたって個人情報の保護措置について契約で定めることや再委託に際しての監督責任の明確化等）、⑥本人の同意を得ることなく第三者に提供することの制限（法令等に基づく場合、同意は不要とされています）、⑦利用目的の通知・開示・訂正・利用停止等（本人からの開示等に必要な手続きや連絡先を本人に知り得る状態にするとともに、本人からの要請に応じて開示に応じたり、一定の場合に情報の訂正や利用停止を行う）、⑧本人からの苦情処理のための体制の整備等、を行うという義務を定めています。したがって、不正競争防止法のように、「個人情報」の保有者が第三者に対して何らかの権利を保有するものではなく、むしろ「個人情報」の保有者に義務を課すものです。また、事業分野ごとにガイドラインが作成されていることがありますので、これもご参照ください。

インターネットで会社のホームページ等をご覧になると、「プライバシーポリシー」というページがあることに気付くかと思います。これは前記のような個人情報保護法に基づく義務を果たすために作成されているものです。特に、個人情報保護法上、「個人情報」の目的外利用は禁止されているとともに利用目的の通知が義務付けられていますので、どのような場合に「個人情報」を利用するのかといった点をあらかじめ明らかにするために設けられている（利用目的は一般的・抽象的に規定するのではなく、具体的に規定する必要があるとされています）ものです。

## ❼ 保護される「個人情報」と、義務を負う「個人情報取扱事業者」とは

個人情報保護法では、「個人情報」とは、「**生存する個人**に関する情報であって、当該情報に含まれる**氏名、生年月日その他の記述**等により**特定の個人を識別することができるもの**（他の情報と容易に照合することができ、それにより特定の個人を識別することができることとなるものを含む。）」をいいます。

このため、IPアドレスやウェブサイトの閲覧履歴、携帯電話等でのGPSログといった、いわゆるビッグデータや連動型広告に重要な情報は「個人情報」には該当しないということになります。

また、「個人情報取扱事業者」とは、過去6か月間に**5千人を超える**「個人情報」を紙媒体・電子媒体を問わず**データベース化してその事業活動に利用しているもの**をいいます。

したがって、開業間もない会社等、5千人を超えない者については、個人情報保護法に定める「個人情報取扱事業者」に該当しないことになり、前述の①から⑧の義務を負わないことになります。

そうだとすると、前述の「個人情報」に該当しない情報は自由に扱ったり、「個人情報取扱事業者」に該当しない場合にプライバシーポリシー等を作成しなかったり、自由に使うことは可能でしょうか？

純法律的にはイエスということになるかもしれません。しかし、昨今個人情報に対する意識が高まっており、「個人情報」の流出については厳しい目で見られていますし、閲覧履歴等については一般的に他人に知られたくない情報です。

このため、作成義務がないにしてもプライバシーポリシーを作成することが望ましいですし、作成に当たっては、閲覧履歴等についても意識することが望ましいでしょう（現に利用者の承諾なくアプリの使用履歴を外部送信したベンチャー企業が解散を余儀なくされたケースがあります）。

## アドバイス

今回のケースでは、顧客情報の会社における管理状況からして、それが不正競争防止法上の営業秘密と認められて保護されるのは、かなり難しいでしょう。

個人情報保護法は、元取締役や元従業員からアクセスを受けた営業先の担当（個人情報の本人）が、元取締役や元従業員による個人情報の不正取得として使用停止等を求める根拠とはなりますが、会社から元取締役や元従業員に対して個人情報の使用差止を求める根拠にはなりません。

また、元取締役や元従業員に、退職後の競業禁止などの誓約書などをもらうのは、今からでは事実上無理でしょう。仮に誓約書などをもらえたとしても、その効力は限定的であり、元取締役や元従業員が取引先にアクセスすることを防止するのは難しいと考えられます。

結論としては、商道徳的な観点などから、行き過ぎた行動をとることのないよう、元取締役や元従業員の良心に訴えかけていくしかないと思われます。今後の対策としては、営業秘密の管理、個人情報の管理をしっかり行ってください。

また取締役や従業員の退職の際には、営業秘密漏えい防止や、個人情報の保護、競業禁止などを定めた誓約書を提出してもらうようにしましょう。競業禁止の法的効力は簡単には認められないかもしれませんが、一定の範囲では法的に有効になる可能性がありますし、事実上、誓約書を提出してもらう時点で危険を事前に察知できる可能性や、退職取締役・従業員に対する心理的な牽制の効果が期待できます。

結局
曾祢さんにお願いして
うちの顧客に営業しない旨の合意書を書いてもらった
営業秘密の管理をしっかりしないとね
個人情報の管理も徹底しましょう
辞める際の誓約書も忘れずに
法務担当が誰かをあてにして動いてちゃダメだろ
今回はなんとかなったが次はないからな榎本！
しゅん
はい

契約ってえのはな
お互いを信じていることを確かめるためにするもんだ
疑うためじゃやねえ
ギシッ
すみません……
謝るんじゃやねえよバカ
でも……俺がもっとちゃんとやっていれば
曾祢さんにも会社にも迷惑かけなかったのに
俺法律のことわかってきたつもりになってて
完璧に出来る！なんて思ってたのに全然ダメで……
今回も結局また清浦さんに助けてもらって
いいか榎本……

なんのために
おめえは法務やってんだ？
え……？
松つぁんがなんでおめえを選んだと思ってんだ？
そいつを
思い出してみるんだな
なんのため……？

# エピソード7

# 梅田さんを助けなきゃ!!
# 資金調達・負債の処理・M&A

はあ……
法務って
……なんなんだ？
う～ん
悩み事ですか？
めずらしいですね
あ……
清浦さん……
この前のことをまだ気にしているんですか？
そういうわけじゃ……

ただ
信頼してくれてた曾祢さんにも迷惑かけちゃったし
結局いつも清浦さんに頼りっぱなしだし
俺なんのために法務やってるんだろう……
……
ってこんなことうだうだ悩んでてもしょうがないですよね
あはっ
スイマセン清浦さん忙しいのに
別に……今ちょうど手が空いていたし
ちょっといいか？
悪いが急ぎの相談があるんだ
？
急ぎ……ですか？

この人は梅田さん
同じ家具デザイナーで梅田インテリアって会社もってるんだ
この会社が今ちょっとヤバイんだよね
ヤバイ?
ちょっと前に天然無垢材の家具ブームになったろ?
たしかTVですごい話題になってましたね
梅田さんはもともとそれをメイン商品にしてたんだけど
ブームのときに無垢材加工専用の工場を建てたんだよ
当時はブームがもっと続くと思って
専用の大型機械も導入して
資金を設備投資につぎ込んだんです
そしたら予想より早くブームが終わってしまって
それで製品が売れなくなった……と?

いや一時期よりは落ち着いてきたけど
まだまだ売れてるんだよ
ブームのときに固定客を確保できたから
売り上げはなんとか安定してるんです
あれ？
？
じゃあ相談ってなんなんですか？
売り上げ自体は悪くないんですけど
工場の維持費が……
加工が特殊なために受注生産も出来なくって
専用の加工機材で生産ラインが5本あるんですが
今のところ1～2本しか稼動してなくて
そのせいで赤字が続いてしまって……
ばっ！

どうか力を貸してください
うちには法律に詳しい人間はいないし
ほかに相談できる相手も……
法律に詳しいって……
おっ……俺なんかぜんぜん……
あせっ
梅田さんは俺が起業の時に一番世話になった人だ
なんとか助けたいんだよ
なんでもいいなにか出来ること一緒に考えてくれないか？
……
わかりました
俺でお役に立てるなら……
お願いします！

とにかく
はぁ
資金が足りないのをなんとかしないといけないんだ
赤字が続いたおかげで
銀行からの借り入れの返済資金も足りなくなってしまって……
適当に名目つけて会社からいくらか貸し出せねえかな？
そうですね……
ちょっと待ってください
確かに今うちの会社には資金的に余裕はありますが
さすがに担保もなくただ貸すというのは……
やっぱりそうだよなあ……
なんかいい手はねえか？
うーん……

お金を貸すのではなく
株を購入して子会社にするっていうのはどうですか？
子会社？
子会社という形なら会社も存続できるし
まとまった額も出せるじゃないですか
確かにそれなら資金は用意できるかもしれないけど
赤字体質を改善しないと一時しのぎにしかならないわ
そうですね……
うーん
そもそもの原因である工場をなんとかしないとダメか……
いっそ工場と販売部門をわけてしまうのは？
黒字の販売部門だけウチの子会社にして
赤字の工場は倒産ってことにしちゃうんです
そんないいとこどりのやり方で
大丈夫かしら？

借り入れたお金はどうなるの？
梅田社長が責任を追及されるようなことにならないかしら？
私は……いいんです
ですがその方法だと会社がばらばらになってしまう
工場には長く勤めてくれている職人たちがいる
販売部の連中だってずっと私についてきてくれたいいヤツラなんです
どうにか……彼らを守れないでしょうか？
うーん
それじゃあ
いつもの事務所に相談してみる？

## 解説

企画販売部門が好調だが、工場部門が不調で、経営状態の厳しい会社について、何ができるのか。これまでのご質問と違って、「これが正解です」と回答を出すのは難しいですね。資金調達の方法とM＆Aについて、概要を整理して、どんな手段をとりうるか、一緒に考えてみましょう。

なお、手続きの詳細な説明は省きますが、どの手続きも、会社法に基づいて、株主総会の特別決議、法定の所定の備置、債権者保護手続き、反対株主の買取請求など、厳格な手続きが必要になるものがほとんどなので、実行するときには専門家に相談するようにしてください。

### ❶ 資金調達の手段には何があるか

経営状態が厳しいとき、まず考えつくのは、足りない分の資金を調達することで、当面をしのぐことでしょう。株式会社での資本調達の手段となると、①募集株式を発行しての資本増加、②金銭消費貸借契約による借入れ、③社債の発行が考えられます。

しかし、資金調達したとしても、赤字体質が続いていると、いずれなくなってしまうだけです。「出血」（赤字）を止めずに輸血をするようなもので、本質的な解決にはなりません。併せて経営改善により事業を黒字化させる努力が必要です。

### ❷ 募集株式の発行による資本増加について

新株発行と自己株式の売り出しをあわせて「募集株式の発行」といいます。発行する募集株式の対価として、会社に対して出資が行われますので、資金調達となります。出資された資金は、会社の資本金または準備金など自己資本となり、出資した者は会社の株主となります。

募集株式の発行による資金調達は、返済の必要のない自己資本による調達であるため、経済的には会社にとってもっとも負担の少ない資金調達方法です。

募集株式が発行される場合、既存の株主にとっては議決権割合が低下したり、保有株式の価値が下落するという不利益が生じることがあります。しかし、公開会社では新たな株主の出現や持ち株比率の変動が起こることはもともと前提となっており、他方非公開会社においてはそのような事態は原則として排除されている前提なので、募集株式の発行を決定できる機関が、**図表7-1**のように異なっています。

［図表 7-1］募集株式の発行の決議機関

| | | 株主割当 | 第三者割当 |
|---|---|---|---|
| 公開会社 | 原則 | 取締役会決議 | 取締役会決議 |
| | 例外 | | 有利発行の場合は株主総会の特別決議 |
| 非公開会社 | 原則 | 株主総会の特別決議 | 株主総会の特別決議 |
| | 例外 | 定款に委任規定があれば取締役会決議 | 株主総会の特別決議による委任があれば取締役会決議 |

現金を出資してもらう方法のほか、現金以外の資産を出資してもらう「現物出資」という方法もあります。特に、その会社に対する債権を出資してもらい資本金に振り替える行為をデッド・エクイティ・スワップといい、この場合は資金調達ではなく負債の圧縮の効果となります。これについては後述します。

また、募集株式を発行すると、出資した者が会社の株主となりますので、会社の経営権に多かれ少なかれ変動が起こります。募集株式の発行により資金調達する場合は、この経営権の変動は受け入れる必要があります。これについては、後述のM&Aの説明をご参照ください。

## ❸ 金銭消費貸借契約による借入れについて

銀行などの金融業者や、会社の関係者や、取引先企業などの第三者で、資金の貸付けに協力してくれるところがあれば、金銭消費貸借契約を締結して借入れを起こすことによって、資金調達ができます。

しかし、借入れは、前項の資本増加と異なり、約定どおり返済しなければなりません。さらに、多くの場合、利息まで負担する必要があります。返済できる見込みがあるのかどうか、よく見極めて借りるべきです。

なお、金融業者以外の事業会社が貸主となって金銭消費貸借を行い、これが「業として行っている」と判断されると、貸金業法に触れる可能性があります。「業として」は広く解釈されていて、1回でも「業として」にあたる可能性があるので、グループ会社間で行う以外では、事業会社間の金銭消費貸借は、できるだけ避けたほうがいいでしょう。

## ❹ 社債の発行について

社債とは、小口化された会社の借入金です。借入金なので、利息を付けて返済しなければなりません。一方、株式と同様に小口化されるので、画一的に処理するために、株式と同様に会社法に細かい手続きが置かれています。

社債には、次のような分類があります。

① 普通社債（新株予約権が付されていない社債）／新株予約権付社債

新株予約権を付すことにより、会社の業績がよくなったら新株予約権を行使して大きなキャピタルゲインを得るという可能性を与えることで、募集しやすくしたり、利息を低く設定したりすることができます。

② 無担保社債／担保付社債

③ 割当・引受による募集／総額引受による募集

社債権者となる者を広く募集して割当・引受方法と、はじめから特定の者に募集する全ての社債を引き受けさせる方法（総額引受け）があります。総額引受けは、しばしば引受人を銀行とする「銀行私募債」の形で用いられています。通常の銀行借入と比較すると、満期一括償還が主流であることからキャッシュフローを確定し、長期安定資金を確保することができるというメリットがあります。

④ 公募債／プロ私募債／少人数私募債

募集方法による分類で、金融商品取引法の適用に差があります。

いずれにしても、社債とは長期多額の借入れですから、発行にはそれに見合う返済に対する信用力が要求されることが多いものです。そのため、関係者への少人数私募債以外は、資金調達方法としては実務上のハードルは高めといえましょう。

## ❺ 債務免除、返済繰り延べ、資産売却による負債圧縮は可能か？

資金難の原因が負債の元本返済・利払いである場合、債務を全部又は一部免除してもらったり、返済繰り延べ（リスケジュール）をしてもらうことができれば、支払いが軽くなり、経営状態が改善することもあります。

しかし、事はそう簡単ではありません。特に、債務の免除については、当たり前の話ですが、何の理由もなく応じてくれる債権者は、皆無といっていいでしょう。「コンサルタント」と称する人々の中には、簡単に金融機関の債務の免除を得られるかのようなアドバイスをする人もいますが、世の中そんなに甘くはありませんので、気をつけてください。債務の免除には民事再生手続きや特定調停などの法的手続きや、事業再生ADRなどの特別な手続きが必要となることが多いと考えておきましょう。金融機関の場合は、サービサーに債権が売却された後は、その売却の過程で一度債権者が損切りを済ませていて、減額交渉ができるケースもあります。一方、返済繰り延べは、比較的交渉しやすいものですが、きちんと根拠のある支払計画を準備して交渉に臨むことが必要になります。

事業に用いていない資産を売却して負債を圧縮することができれば、支払いが軽くなり、経営状態が改善することもあります。売却代金が低いとその分負債が残ってしまうので、できるだけ高額で買い取ってくれる買主を探すことが必要になります。

いわゆるバブル経済の終焉直後の経営難の企業は、事業そのものは黒字であるが投資に失敗して企業全体では赤字という企業が多かったので、不要な資産の売却をして負債を圧縮し、さらに負債の免除を得れば、経営状態が改善する企業がたくさんありました。しかし、昨今では、事業そのものが赤字である企業が多いので、このような処理だけでの経営改善は難しくなっています。

## ❻ デッド・エクイティ・スワップとは

先に述べたとおり、その会社に対する債権を現物出資してもらい募集株式を発行するなどして資本金に振り替える行為を、デッド・エクイティ・スワップ（Debt Equity Swap＝デットDebt（債務）とエクイティEquity（資本）をスワップSwap（交換）すること）といいます。

債務者にとっては、過剰な債務を減らし、財務体質を健全化して経営改善できます。一方、債権者にとっても、回収できない債権を諦めて放棄するのではなく、その一部を株式に交換し、経営をモニターしておくことによって、再建計画を成功させ、株式の価値を上昇させて、キャピタルゲインや配当収入で債権の実質的回収を図ることができます。

もっとも、デッド・エクイティ・スワップで負債を圧縮する処理をしても、事業そのものが赤字である企業は、それだけでは経営改善は難しいことに変わりはありません。

## ❼ M&Aにはどのような手法があるか

経営改善には、結局、事業そのものの黒字化が必要です。しかし、事業を黒字化させるには、黒字化させるための設備投資や運転資金やリストラ費用などの資金と、相応の時間がかかります。その資金を調達し、黒字化までの時間を乗り切るため、ほとんどの場合はスポンサーをつけて、資金手当や信用補完、経営指導、その他の経営リソースを援助してもらうことが必須になってきます。

スポンサーが資金など援助をする以上、経営権の全部または一部をスポンサーにもってもらうことになります。経営権の全部又は一部の移転を含む取引を、M&Aといいます。

M&Aとは、「Merger & Acquisition」の略で、これだけ直訳すると「合併と買収」となりますが、もっと広く事業の経営権の全部又は一部の移転を含む取引を総称する言葉として用いられています。本書では、スポンサーをつける経営改善の手法として紹介していますが、その他にも、事業の戦略的拡大や、グループ会社間の整理、経営者の後継者のいない場合の事業承継など、様々な局面で用いられます。

Ｍ＆Ａには様々な手法があります。経営権を移転する対象が事業の全部か一部か、また経営権の全部を移転するか一部を移転するか（共同経営となる）で、大まかにどのような手続きを選択するべきかが決まってきます。典型的なスキームをまとめると、**図表７－２**のようになります。

**図表７－２**のスキームのうち「株式交換」「合併」「会社分割（新設分割・吸収分割）」を総称して、会社の「組織再編」といいます（他に「株式移転」という組織再編行為がありますが、グループ会社間の再編以外のＭ＆Ａではあまり用いられないので、本書では説明を省略します）。

［図表 7-2］Ｍ＆Ａの典型的なスキーム

| | 経営権の全部を移転 | 経営権の一部を移転 |
|---|---|---|
| 事業の全部を対象 | ・株式全部譲渡<br>・売主へ買収会社の株式以外の金銭等を交付する株式交換<br>・売主へ買収会社の株式以外の金銭等を交付する合併<br>・事業全部譲渡 | ・株式一部譲渡<br>・売主へ買収会社の株式を交付する株式交換<br>・売主へ買収会社の株式を交付する合併<br>・第三者割当増資<br>・新たに売主・買主による合弁会社を設立し、事業全部譲渡 |
| 事業の一部を対象 | ・新設分割し、株式全部譲渡<br>・売主へ買収会社の株式以外の金銭等を交付する吸収分割<br>・事業一部譲渡 | ・新設分割し、株式一部譲渡<br>・売主へ買収会社の株式を交付する吸収分割<br>・新たに売主・買主による合弁会社を設立し、事業一部譲渡 |

【株式全部譲渡】

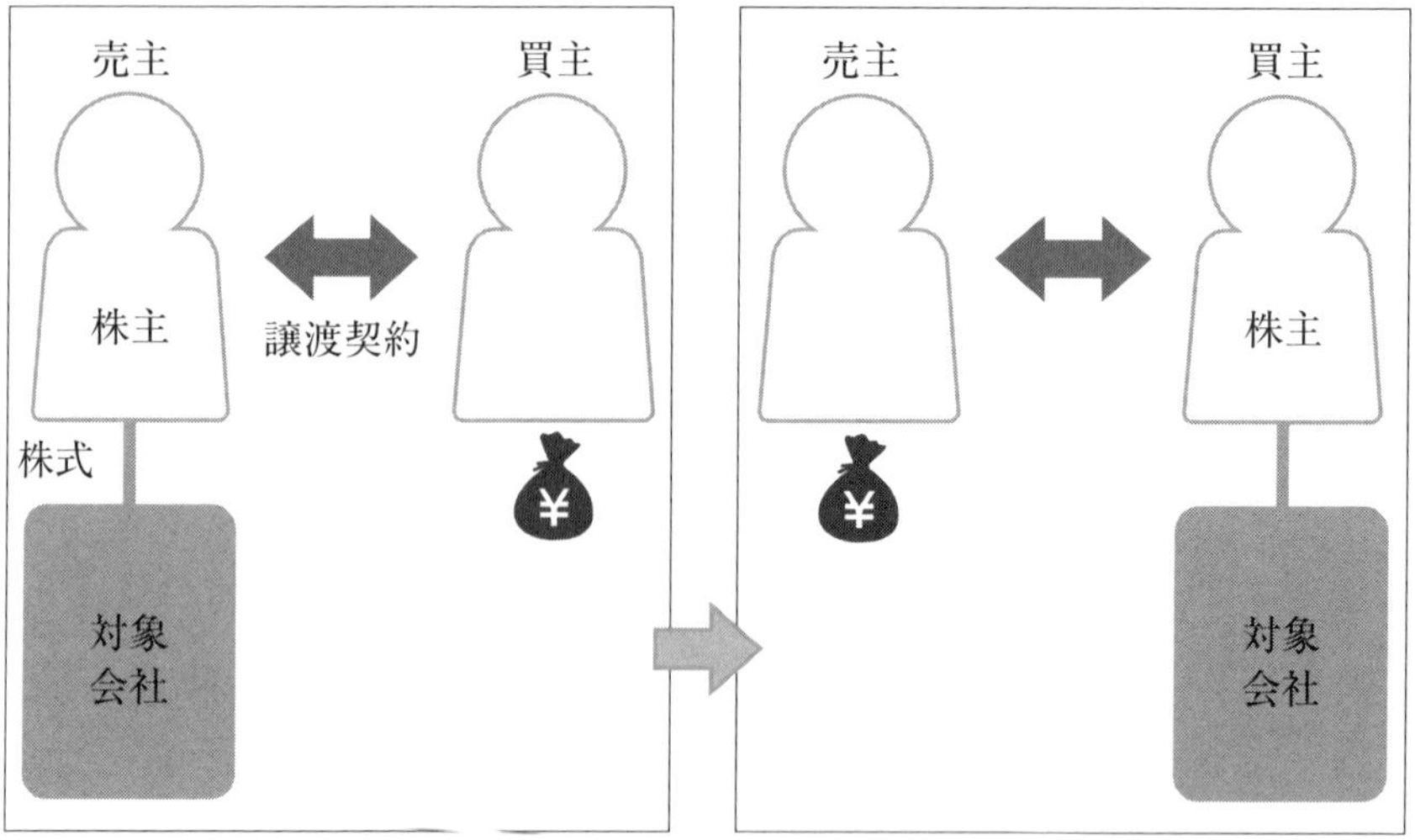


## ❽ 株式譲渡の効果とメリット・デメリット

売主となる株主から、買主が売買契約などで株式を買い取る方法です。

どの程度の割合の株式が買主に移転するかにより、以後株主となった買主がその会社に対してどのような立場を有するかが、**図表7－3**のように変わってきます。

[図表 7-3] 株式の移転の割合と効果

| | |
|---|---|
| 100% | 完全子会社 |
| 2/3 以上 | 単独で株主総会特別決議を成立させることが可能（株主総会特別決議の決議事項については、第5章参照） |
| 過半数 | 単独で株主総会普通決議を成立させることが可能（株主総会普通決議の決議事項については、第5章参照） |
| 1/3 超 | 他の株主が株主総会特別決議を成立させることを、単独で阻止することが可能 |
| 20% | 持分法適用（連結財務諸表上「投資有価証券」の勘定項目に被所有会社の損益等を反映させる必要が生じる） |

【株式一部譲渡】

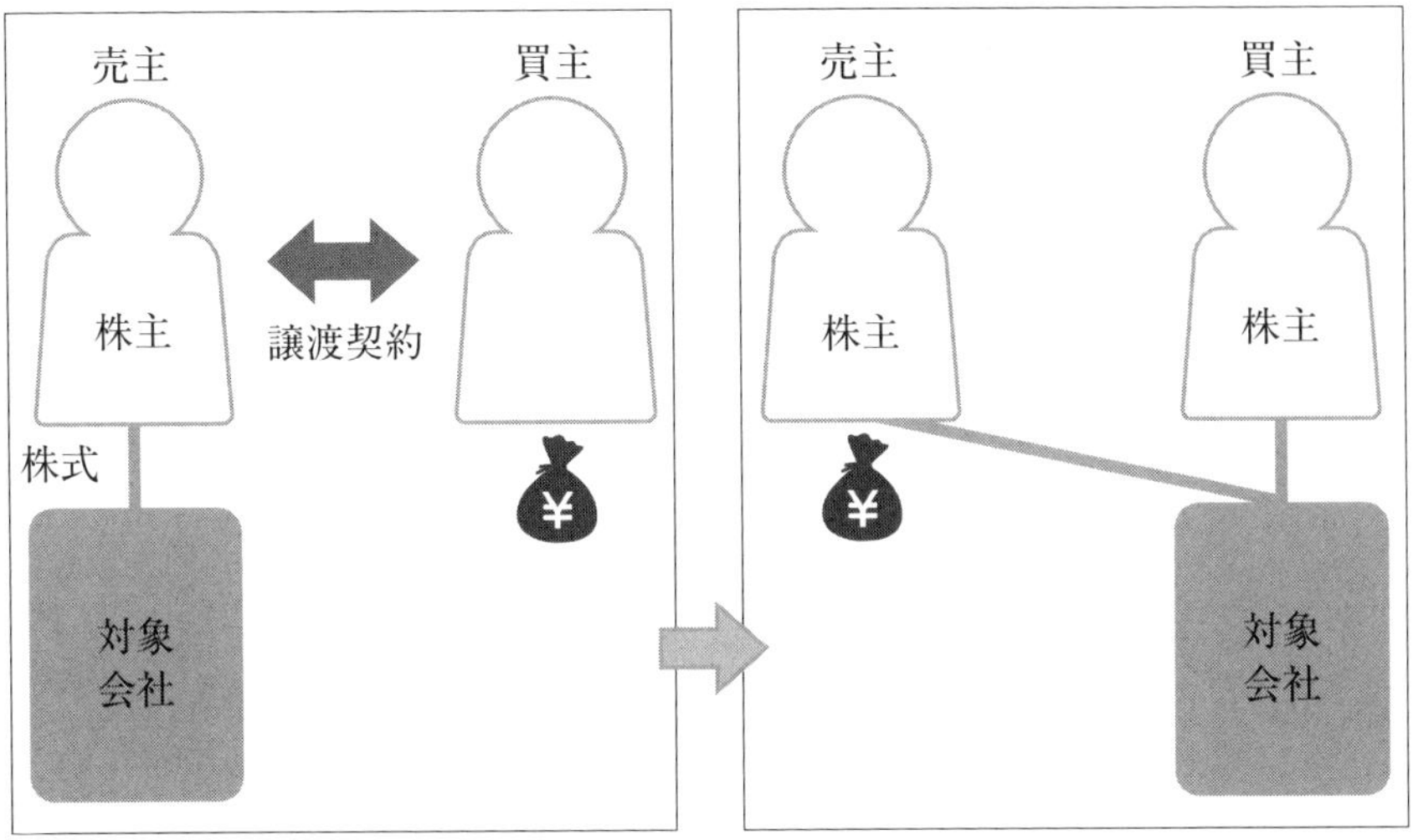


移転する割合は、売主・買主の会社に対する支配権に関する目的と、買収資金の額によって決定することになります。

株式譲渡は、会社の株主が変更になるだけで、資産の移転処理や契約の承継処理の必要が一切ないので、会社の事業の遂行に影響を及ぼすことがなく、スムーズに実行することができます。

しかし、債務（特に簿外債務）や紛争など、引き継ぎたくないものも引き継ぐことになるのが、買主にとっては難点です。

また、株式の売買の対価は売主である株主に交付され、会社には入らないので、会社の債権のために資金が必要な場合は、これに加えて貸付けや増資などによる資金注入が必要になります。

## ❾ 第三者割当増資の効果とメリット・デメリット

スポンサーに対して、募集株式を発行する手法です。詳細については、先ほどご説明しました。

実行後は、スポンサーに会社の株式が割り当てられ

【第三者割当増資】

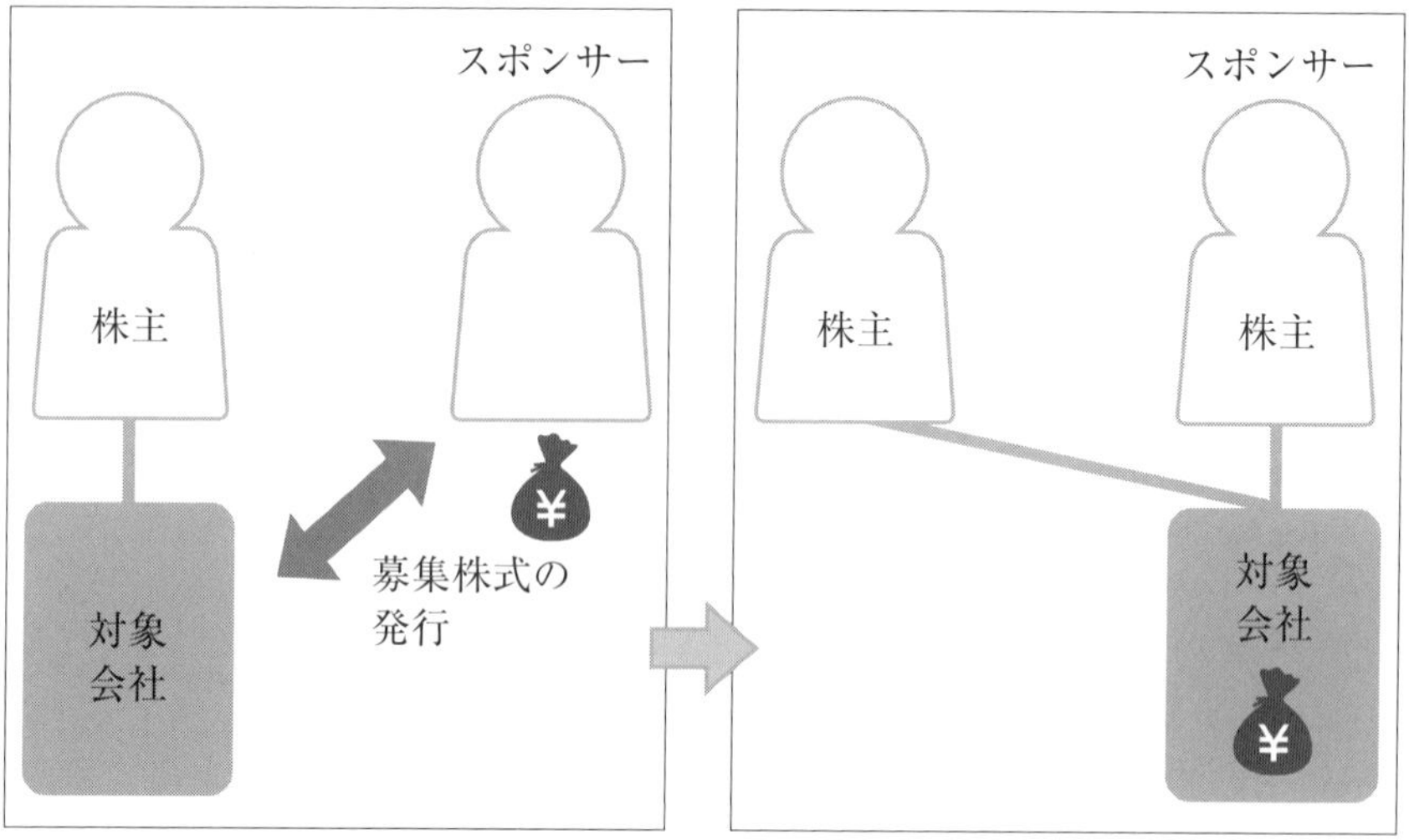


ますが、従前の株主の保有する株式も残存するので、株式の一部譲渡と同じように、複数の株主で株式を保有する形になります。

株式の一部譲渡では、従前の株主から株式が交付され、買収資金はその従前の株主に渡り、会社には入金されないのに対して、第三者割当増資では、会社から募集株式が発行され、買収資金は会社に入金されます。

会社の株主が変更になるだけで、資産の移転処理や契約の承継処理の必要がないこと、引き継ぎたくないものも引き継ぐことになることは、株式の一部譲渡と同様です。

## ⑩ 株式交換とは

株式交換とは、株式会社が、その発行済株式の全部を、他の会社に取得させることをいいます。対象会社とスポンサー会社の間で株式交換が行われると、スポンサー会社が完全親会社に、対象会社がその完全子会社になります。

株式を取得する完全親会社から、完全子会社の株主に対価が支払われますが、この対価は、完全親会社の

【**株式交換**（株式を対価とする場合）】

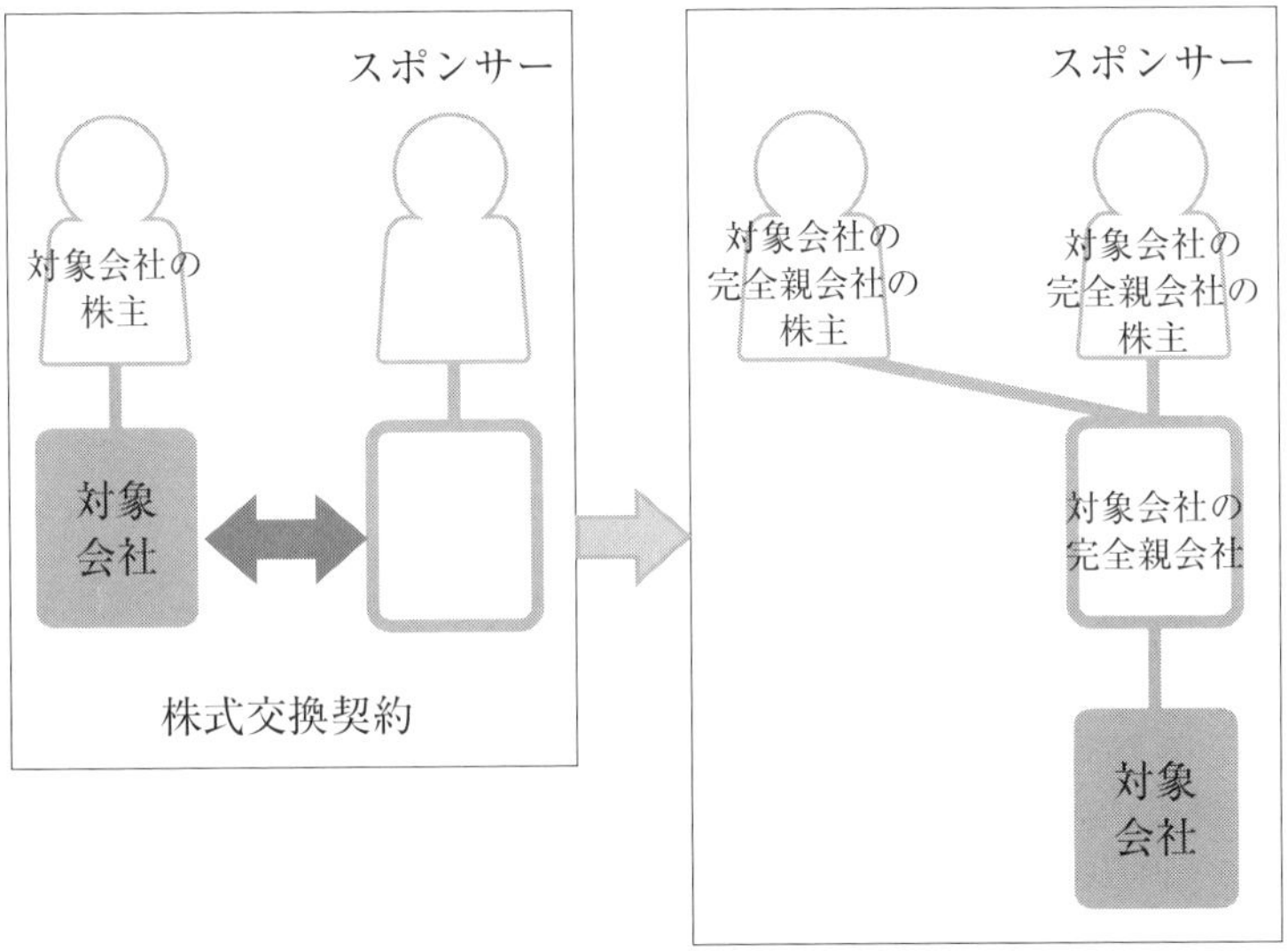


【**株式交換**（金銭を対価とする場合）】

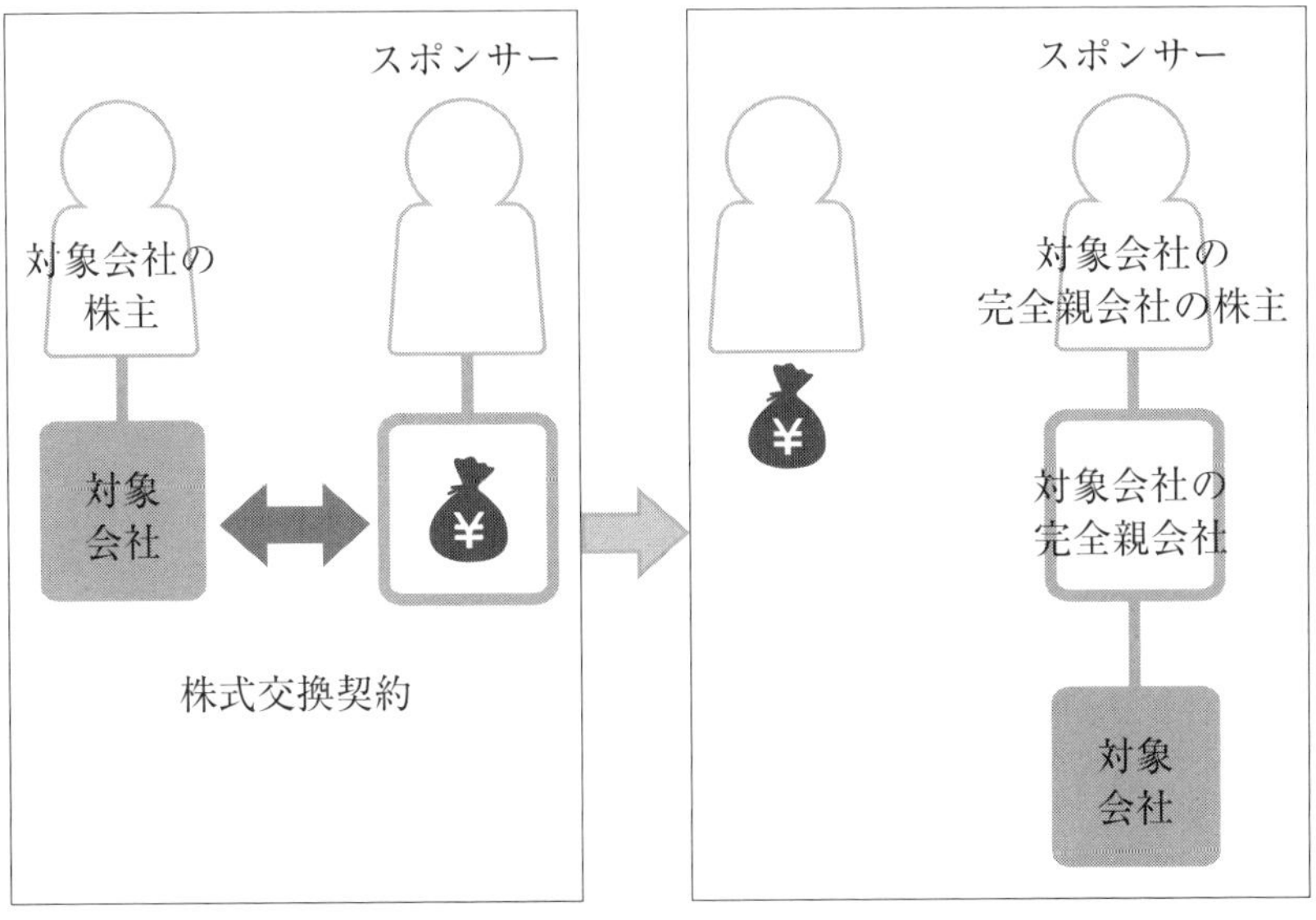

株式を交付することもできますし、現金や他社の株式などそれ以外の財産を交付することも可能です。

完全親会社の株式を対価とすることによって、買収資金を現金として保有していなくても買収が可能となります。

また、現金など完全親会社の株式以外の財産を交付した場合は、ちょうど完全親会社と完全子会社の株主の間で株式の全部譲渡が行われたのと同じ結果になります。しかし、株式譲渡は売買契約ですから、株主全員との間で個別に合意が成立しないと株式を取得できず、条件もばらばらになる可能性があるのに対して、株式交換は会社法に定められた組織再編行為なので、株主総会の特別決議で決議されれば、会社法の規定に基づいて全株主に対して同じ条件で強制的に実行することができます。

## ⑪ 合併の効果とメリット・デメリット

合併とは、2つ以上の会社が契約によって1つの会社に合体することをいいます。合併には、対象会社が消滅して既存のスポンサー会社（存続会社）に吸収される吸収合併と、2つの会社が共に消滅して新たに1つの会社が設立される新設合併の2種類がありますが、実際に行われるのはほとんどが吸収合併です。本書でも吸収合併について解説します。

吸収合併が行われると、存続会社から消滅会社の株主に対価が支払われますが、この対価は、存続会社の株式を交付することもできますし、現金や他社の株式などそれ以外の財産を交付することも可能です。

株式交換と比較すると、株式交換では対象会社がスポンサー会社の完全子会社となるのに対して、合併では対象会社がスポンサー会社の本体の中に取り込まれるイメージです。

合併も、株式交換と同様、会社法に定められた組織再編行為なので、株主総会の特別決議で決議されれば、反対する株主がいても会社法の規定に基づいて強制的に実行することができます。

合併では、全部の資産・負債・契約関係が包括承継されます。包括承継とは、自然人の相続と同様に、全ての法的地位がまるごと承継されるものです。したが

**【合併**（吸収合併、株式を対価とする場合）**】**

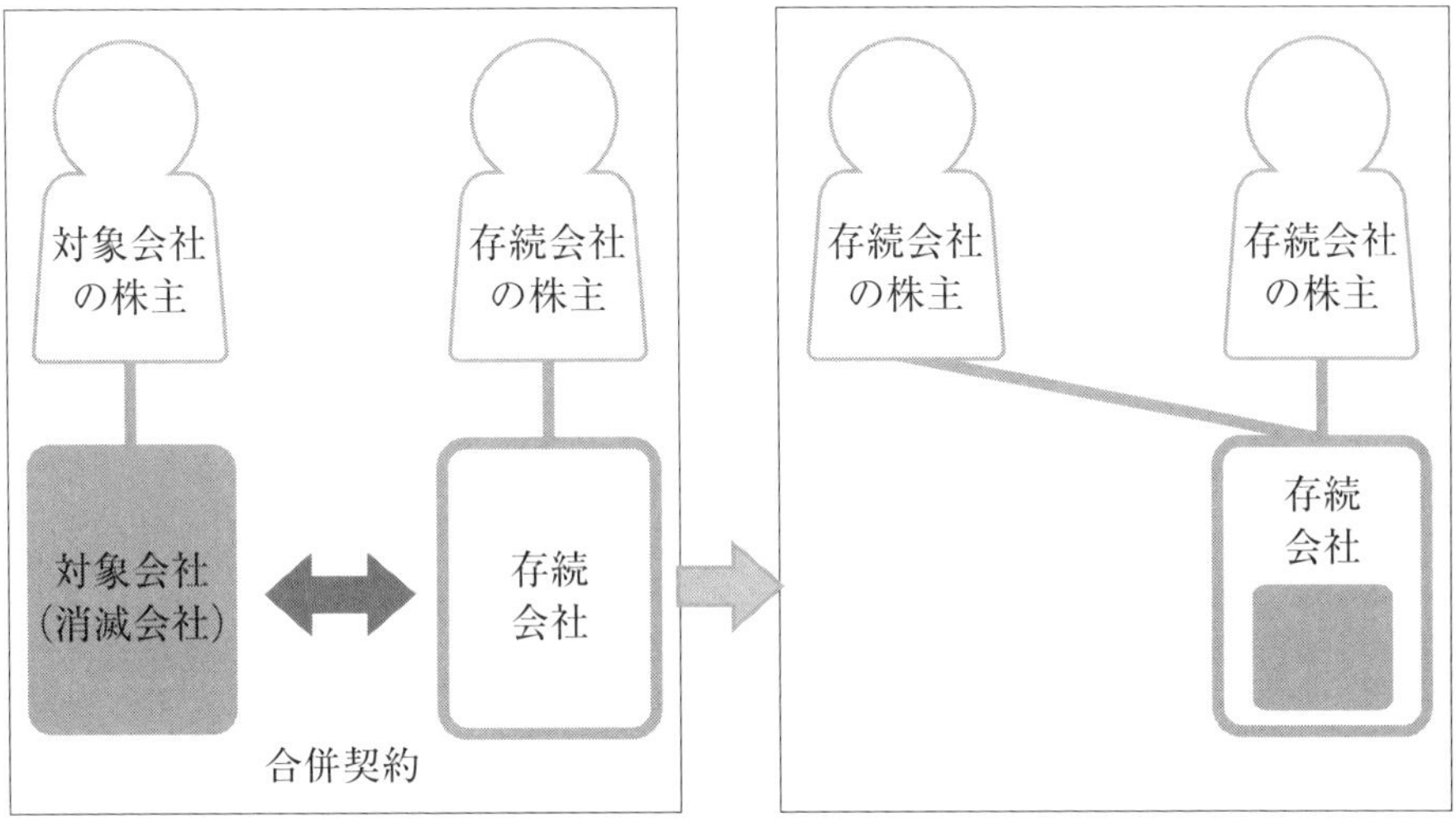


**【合併**（吸収合併、金銭を対価とする場合）**】**

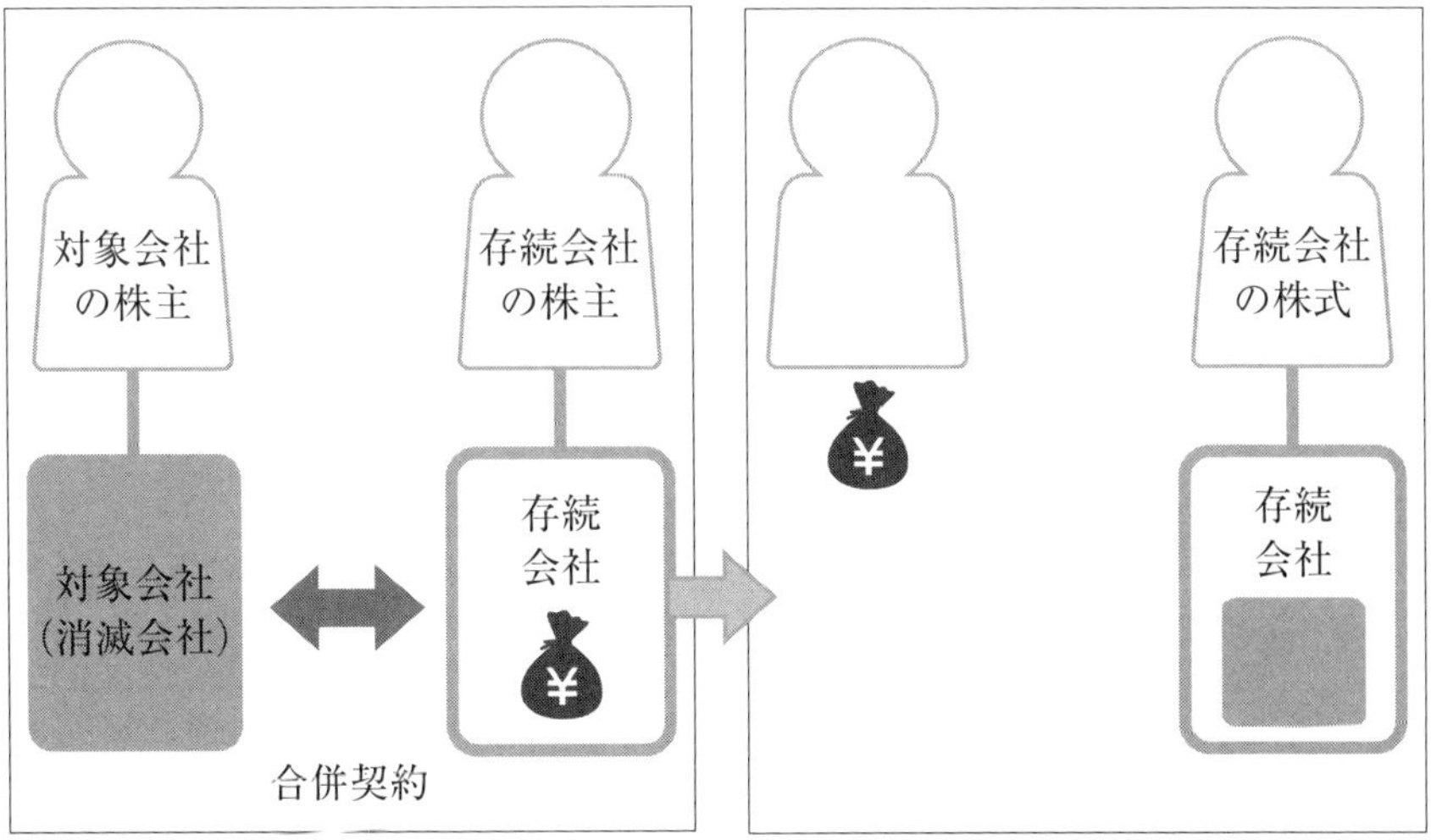

って、個々の資産・負債・契約関係をひとつひとつ移転・承継させる法的行為は必要ない（登記や登録の変更手続きは必要になる場合があります）というメリットがあります。一方、スポンサーに都合の悪い債務（特に簿外債務）や契約や紛争なども丸ごと引き継ぐことになり、しかもそれがスポンサー本体に直接帰属してしまうというデメリットがあります。そのため、対象企業をスポンサーが買収する場合に、いきなり合併が行われることは多くなく、いったん株式譲渡や株式交換で子会社にしておいて、しばらく様子を見た後にグループ会社再編として合併が行われるのが通常であるようです。

## ⑫ 会社分割にはどのような種類があるか

会社分割とは、会社（分割会社）がその事業に関して有する権利義務の全部又は一部を他の会社に包括承継させ、承継を受けた会社が分割会社に自社の株式等の財産を交付する手続きのことをいいます。

会社分割には、新設分割と吸収分割の2種類があります。新設分割とは、分割する会社が新たに子会社を作った上で、その新会社に分割したものを承継させる会社分割で、分割会社の単独行為です。

一方、吸収分割とは、分割する会社と、分割したものを承継する会社との間での契約です。

なお、会社分割では、「分割型分割・人的分割」「分社型分割・物的分割」という区分もよく使われます。これは会社法上の区分ではなく、法人税法上の区分です。「分割型分割・人的分割」とは、会社分割によって発行される承継会社の株式が分割会社の株主に交付される会社分割であり、「分社型分割・物的分割」とは、会社分割によって発行される承継会社の株式が分割会社そのものに対して交付される会社分割です。会社法上は、分社型分割の手続きしか存在しません。分割型分割を行いたいときは、分割会社が取得した株式を株主に対して配当することによって実現することになります。

会社分割も、合併や株式交換と同様、会社法に定められた組織再編行為なので、株主総会の特別決議で決議されれば、反対する株主がいても会社法の規定に基

【新設分割＋株式全部譲渡】

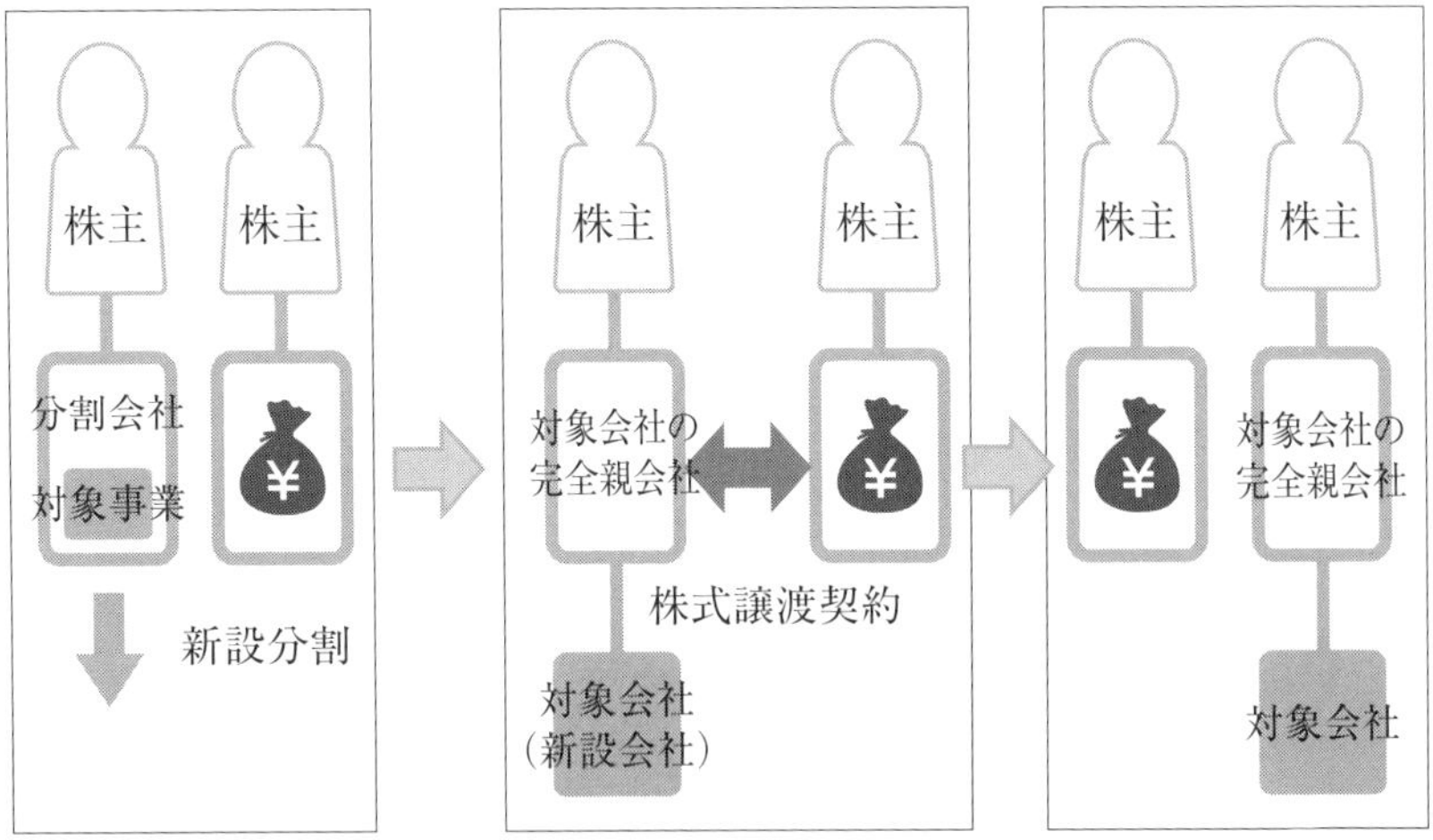


づいて強制的に実行することができます。

会社分割も、合併と同様の包括承継ですので、個々の資産・負債・契約関係をひとつひとつ移転・承継させる法的行為が必要ない半面、スポンサーに都合の悪い法的関係も承継されることになります。ただし、会社分割では、分割の際に移転する資産や契約関係は特定できるので、ある程度はリスクの切り分けは可能となります。

## ⑬ 新設分割＋株式譲渡によるスキーム

先に述べたように、新設分割とは、分割する会社が新たに子会社を作った上で、その新会社に分割したものを承継させる方法で、分割会社の単独行為です。これだけではスポンサーに対する経営権の移転が起こらずM＆Aにならないので、新設会社について株式譲渡なり株式交換なりを行って、スポンサーに移転する必要があります。

対象会社の事業の一部を、子会社として買収したいときに用いられる手法です。

【**吸収分割**（株式を対価とする人的分割）】

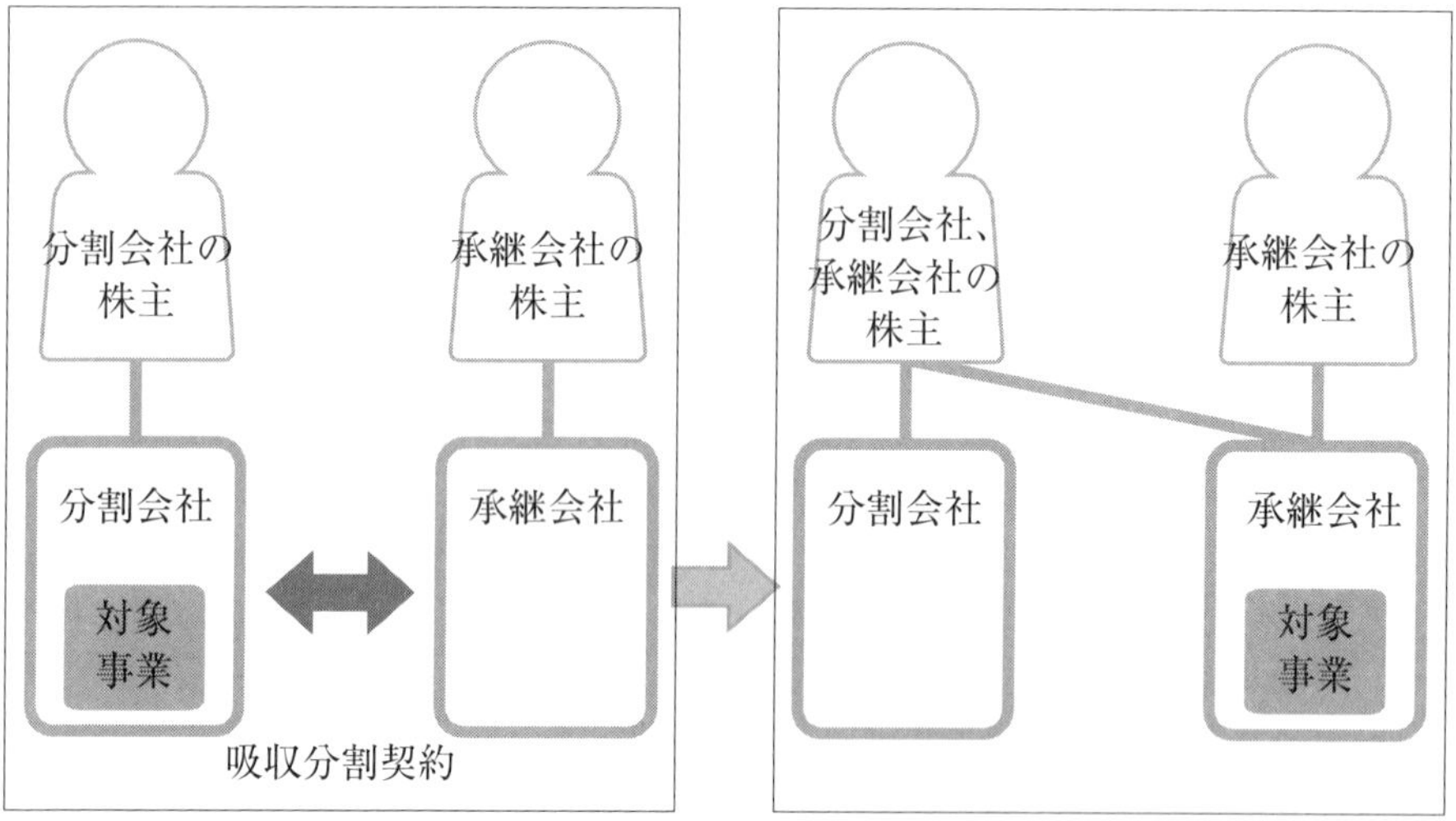


【**吸収分割**（金銭を対価とする物的分割）】

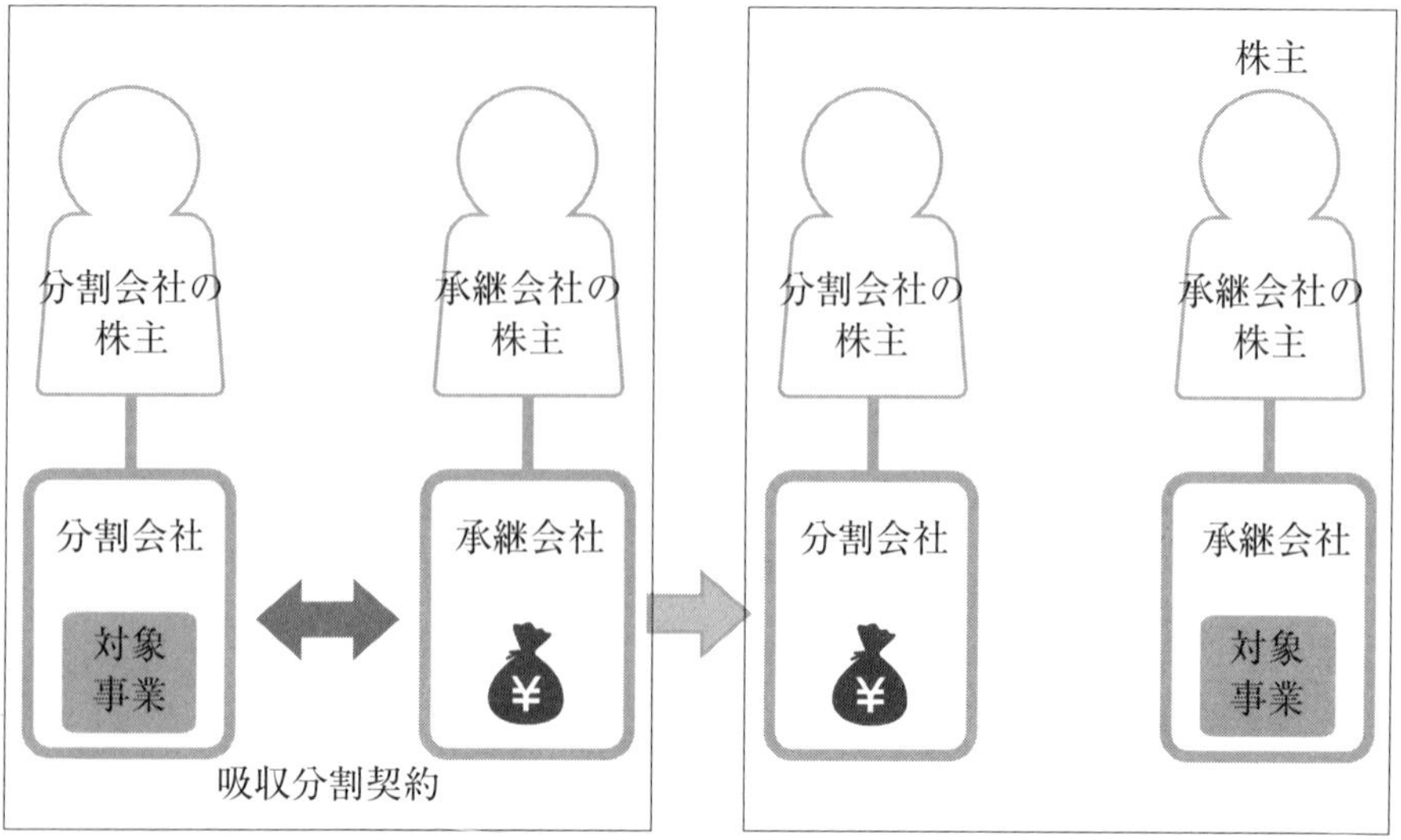

メリット・デメリットについては、前述の会社分割全体の説明と、株式譲渡・株式交換などそれぞれの項の説明をご覧ください。

## ⑭ 吸収分割のスキーム

吸収分割とは、分割する会社（分割会社）と分割したものを承継する会社（承継会社）との間での契約です。承継会社から支払われる対価は、承継会社の株式とすることもできますし、現金や他社の株式などそれ以外の財産とすることも可能です。

効果としては、新設分割後に新設会社と承継会社の合併が行われるのと、ほぼ同じになります。対象会社の事業の一部を、スポンサー会社本体の中に取り込む形で買収したいときに用いられる手法です。

メリット・デメリットについては、前述の会社分割全体の説明と、合併の項の説明をご覧ください。

## ⑮ 事業譲渡の効果とメリット・デメリット

事業譲渡とは、一定の営業のために組織化された機

**【事業譲渡**（既存の会社への一部譲渡）**】**

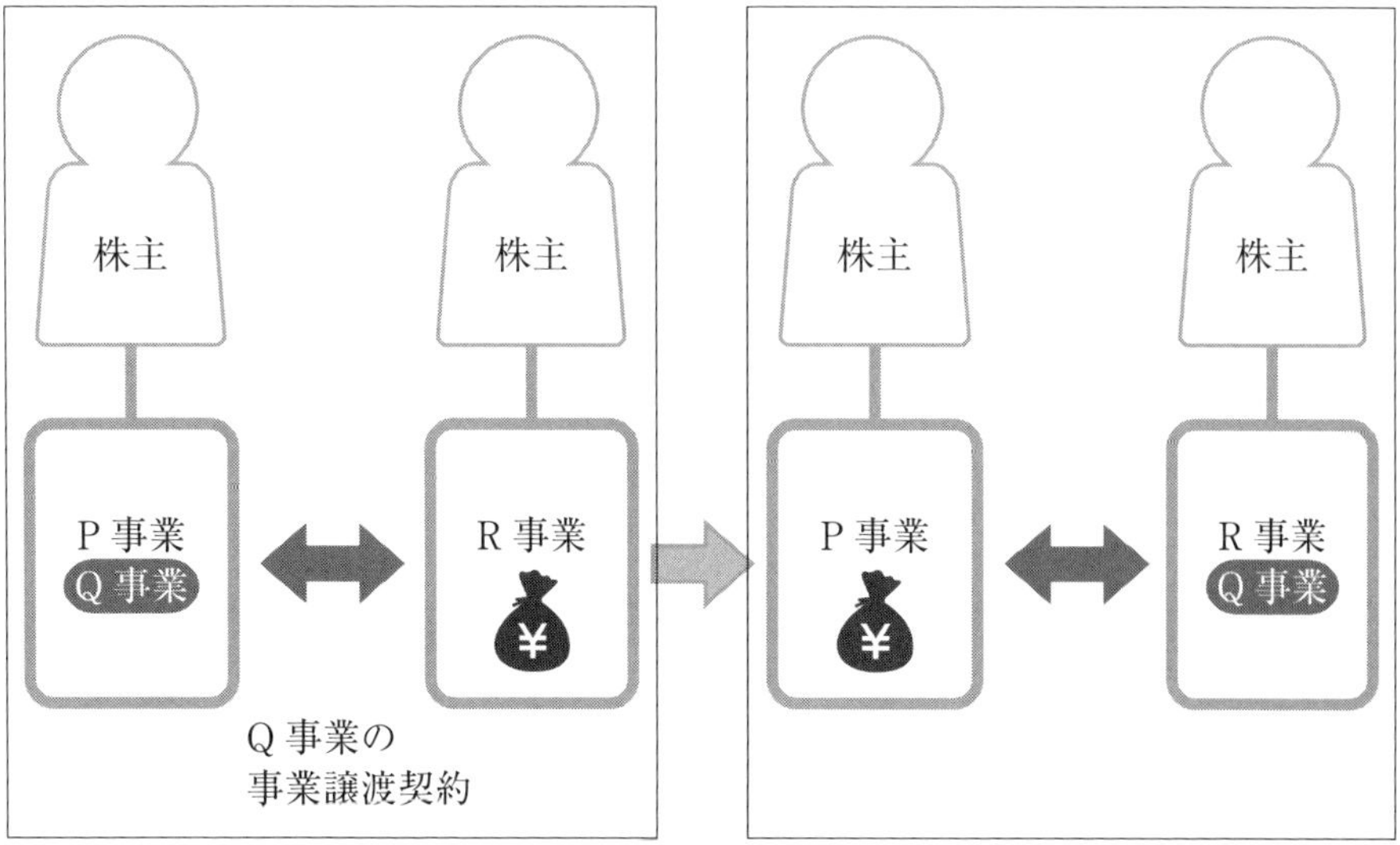

【事業譲渡（新設の合弁会社への一部譲渡）】

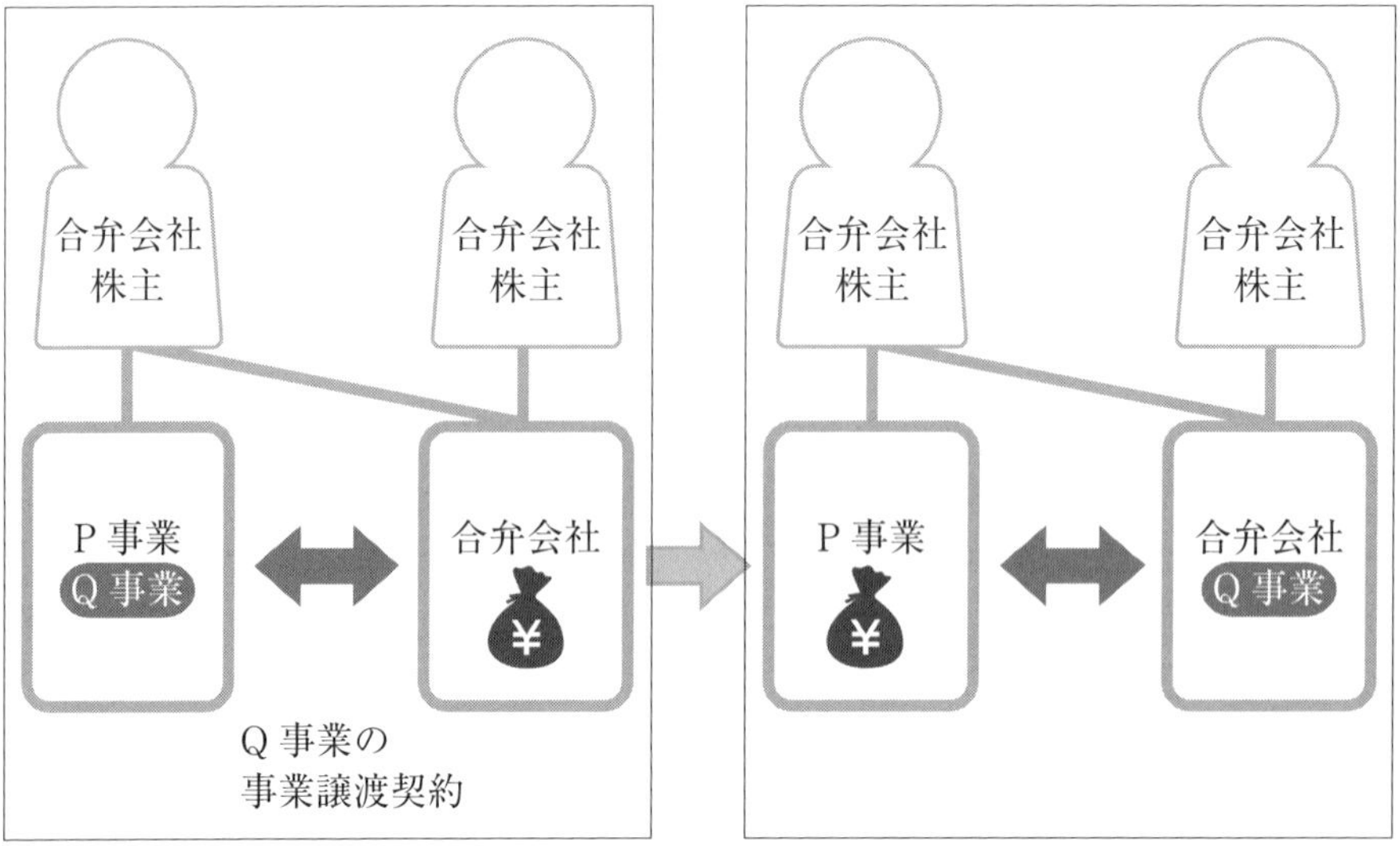


能的財産（得意先などの事実関係を含む）を一体として移転することです。

株式譲渡は、箱（株式会社の法人）ごと売買するのに対して、事業譲渡は箱は売買せずに中身（事業）だけ売買するイメージです。事業の全部の譲渡することも、一部を譲渡することもできます。合弁会社を新設してそこに事業譲渡を行えば共同経営の形態を作ることもできます。

事業譲渡は、譲渡人と譲受人の事業譲渡契約によって行われます。しかし、対象となる資産、契約の移転の手続きは、資産・契約ごとに必要で、これがなされない資産や契約は結果として承継されません。このため、資産・負債・契約関係を厳密に選別することにより、明確にリスクの切り分けが可能です。他方、手続きが煩雑、目的のもの（特に契約関係）がスムーズに承継できない可能性が残ります。

## ⑯ 優良資産・事業だけ売却するM&Aは問題ではないか？

会社分割では、分割会社に対して債権が残存する債権者は、会社分割に異議を申し立てて弁済や供託を受ける手続き（債権者異議手続き）の対象になりません。そのため、債務超過に陥った会社が、優良資産や事業継続に必要な取引債務のみを新設会社や承継会社に承継し、支払いたくない債務については抜け殻となった分割会社に残存させ分割会社の債権者は結局、回収不能となってしまう会社分割のケースが散見されていました。これを「濫用的会社分割」といいます。同様のことは、事業譲渡でも行うことができます。

これは問題がありますので、平成24年に、詐害行為取消権（民法424条1項）を行使して新設分割を取り消すことを認める最高裁判例が現れました。さらに、平成26年の改正会社法は、一定の場合に、残存債権者に承継会社・設立会社に対する直接請求権を認めました（改正会社法759条4項、同法764条4項、持分会社を設立する新設分割について同法766条4項など）。濫用的事業譲渡についても、同様の制度が設けられています（改正会社法23条の2）。

優良資産・事業をM&Aで切り出すことが否定されるわけではないのですが、M&Aにおける買収価格は正当に算定し、それをもって債権者には相応の弁済を行わなければならない、ということを意味します。

## ⑰ 買収価格はどのようにして決まるのか

会社の株式の価値（株価）や事業の価値は、会社の資産価値や収益、キャッシュフローによって変動するので、一定していません。最終的には、譲渡当事者間で合意によって株価や事業価値を決定すればよいのですが、その際にどのくらいが適正な価格となるかについて、様々な株価・事業価値の算定方法があります。どのような状況で譲渡が行われるかによって、算定方法は使い分けられます。正確に算定しようとする場合には、複数の算定方法を組み合わせて評価するのが普通です。実務上よく用いられている株価・事業価値の算定方法をいくつか紹介します。

① 取得時の価格

株式取得時に会社に払い込んだり譲渡代金として支払ったりした価格を、そのまま現在の株価とするものです。取得時の価格が譲渡時にも同一の価格であることは本来は考えられません。しかし、「投資を返す」という意味で、取得時の価格のまま譲渡がなされることは、実務上は多く行われています。

② 簿価純資産額

会社の帳簿上の資産の額から負債の額を控除した額を株価とするものです。そもそも会社の帳簿は日々の出納を記録することを主目的にルールが決定されており、企業価値を示すために作成されているわけではないので、帳簿の数字をそのまま用いて企業価値を算定しても正確にはなりません。しかし、手法として簡便なので、初期的に売買価格の目安を考えたり、あまり株価にこだわりがない場合によく用いられます。

③ 時価純資産額

会社の帳簿上の資産・負債を現実の価格に再評価し、また帳簿上現れていない資産や負債を加味して、その正味価値により評価するものです。会社の資産価値を重視する方法であり、先の簿価純資産額よりも、会社に存在する資産や負債による会社の価値は正確に評価されていますが、会社の収益力は反映されていません

④ DCF法

会社が将来得ると見込まれるキャッシュフロー（現金収支）を、会社の経営リスクを加味した割引率（利率に相当するもので、経営リスクが高ければ割引率も高くなり、経営リスクが低ければ割引率も低くなります）で複利で割り引くことにより、現在価値を出す方法です。ここでいう「将来」とは、比較的高い確率でキャッシュフローの予測できる期間として、だいたい3～5年分が普通です。主として会社の収益力、特にキャッシュの獲得能力に注目するものです。

⑤ 税務通達の計算方法による場合

親族や関連会社間など同族内での株式の売買では、売主と買主の利益対立がないので、株価は自由に設定できます。しかし、不当に安い価格や不当に高い価格の株価による取引を認めると、不当な税金逃れに使われる可能性があります。そこで、税務上の「財産評価基本通達」の中に株価の算定方法も定められており、同族内での株式の譲渡に対する課税はこれに従ってなされます。そのため、この通達の適用される同族内の取引では、株価の設定自体をはじめからこの税務通達に従って行ってしまうことが多いです。

## アドバイス

さて、今回のケースですが、事業が赤字状態のまま貸金などで資金注入するだけだと、一時しのぎにしかなりません。

債務の返済額を圧縮するために債務を免除してもらうことはそもそも難しいですが、仮にそれができたとしても、その支出減だけで事業を黒字化させるのは厳しいでしょう。

事業を黒字化させるには時間と資金がかかります。やはりスポンサーが必須ですから、M&Aの道を探ることになるでしょう。

会社全体のスポンサーとなってくれる人が現れるなら、株式譲渡、合併、事業の全部譲渡などをする方法が考えられます。いずれを選ぶかは、今回の会社の状況を検討して、各手続きを取ったときのメリット・デメリットを比較して決定すればよいでしょう。ただ、今回の会社の状況と昨今の経済状況では、会社を丸ごと面倒を見てくれるスポンサーを探すのは、なかなか難しいかもしれませんね。

販売部門あるいは工場部門だけ処理するということも考えられます。事業として生かしたまま売却するなら、スキームとしては、新設分割をして株式を譲渡する方法、吸収分割する方法、事業の一部譲渡をする方法などが考えられます。

しかし、黒字の販売部門だけ売却すると、残る赤字の工場部門は倒産するしかなく、債権者からその売却が適切であったか問題視される可能性があります。

そうかといって、赤字の工場部門だけを買ってもらうというのも、なかなか難しいでしょう。売却するだけなら、工場を単なる不動産として売却するほうが早いかもしれません。しかし、そうしようとすると、工場部門を廃業して、工場部門の従業員は解雇しなければならないでしょうし、売買価格も下がって、売却代金が負債全額の返済に足りないと負債が残ってしまうので、その先に販売部門の経営に悪影響を及ぼす可能性も濃厚ですね。

工場部門を、事業として生かしたまま黒字化する見込みをもって、高い価格で買ってくれる買主が現れてくれればいいのですが……。

結局――
工場は売却する方向で決定した
売却代金を銀行借入の返済に充てて
可能な限り負債を減らしていくことに
しかし稼働していない工場として売却するのでは
価格が低くなって全額返済には足りず負債が残り
工場の職人達も解雇せざるを得ないことになる
うちじゃ買っても
工場はどうにもできないんだよなあ
稼働状態のまま買ってくれるところがあればいいのですが……
そんな都合のいい相手なんて
いないですよね
……
もういいよ松代さん……

ここまで……付き合ってくれてありがとう
あとは――自分でけじめをつけるよ
梅田さんでも……
いや会社を守れなかった私の責任だよ
会社を――
守る――
はっ
会社や社員が法律トラブルに巻き込まれた時
お前なら全力でフォローしてくれる
そう思えたから法務担当にしたんだ
知識なんざ後からでいい
そういう奴がいてくれるだけで
オレたちは安心して戦えるんだ
そうだ……
ダッ
俺探してきます!

あてがあるのか？
そういうわけじゃないんですけど
けど俺……
諦めたくないんです
ダッ
そうだ——
俺はまだ全力を尽くしてない
法務担当の俺が簡単に諦めたら
みんなが安心して戦えないじゃないか

会社や社員がトラブルに巻き込まれたとき
最後まで全力でフォローする
うちは衣料品専門だからなぁ
家具の工場はちょっと……
みんなが安心して戦う――働くために
うちは個人でやってるとこだから
工場なんてとても無理だよ
そのために俺が――法務がいるんだ！
こないだ海外工場作ったばっかりだよ
って……
やっぱりそんな都合よくは見つからないかー
はぁ〜っ
すたっ
すたっ
よお

曾祢さん……!
清ちゃんに聞いたぜ
工場買ってくれるところ探し回ってんだって?
はっ はい……
でも やっぱり
ただ走り回るだけじゃだめですね
俺 知識もないし専門家でもないし……
バカだなあ おめえ
……え?
松つぁんは——社長はな
おめえに知識があるから法務にしたわけじゃねえだろ
あいつはな

アホだしバカだし女癖が悪いし好き嫌い激しいし
後先考えてないし思いつきだけで行動するし
褒めてない……
おめえならなにがあっても全力でやってくれる……
そういう奴だと思ったから選んだんだよ
だけどな
曾祢さん……
おうそうだおめえにちと相談があってな?
……相談……?
俺の立ち上げる新ブランド天然無垢材が売りなんだが
そいつを生産できる大規模な工場を探しててな
……え?
それって……!

社長ーー！
見つかりました！
工場の買い手が見つかりました！
榎本！
榎本くん！
ありがとう君のおかげで……！
なんてお礼を言ったらいいか……！
礼なんていいですよ
俺……
法務担当ですから！

# エピローグ

あれから――
仕事もしっかりこなせるようになったし
俺ももう一人前の法務担当……
ゴゴゴ
だから
今日こそ……
ゴゴゴ
清浦さんを
食事に誘うっ！
クワッ
清浦さんっ！

雇用契約の書類の確認と
提出された有給届の処理
終わりましたか？
うっ……
まだまだ一人じゃ任せられませんね
ううっ……
よおやってるな
ひょい
曽祢さん！
清ちゃん相変わらず仕事にゃ厳しいねぇ
いつものことです
なあいっそうちに来ねえか？
松つぁんより給料出すぜ？
ちょっと待て！

よその社員が遊びに来てんじゃねえよ！
しかも俺の目の前で引き抜きかけてんじゃねえ！
いいじゃねえか昼休みだしかてぇこたぁ言いっこ無しだ
ったく……
ハァ
あ……曾祢さん
よお笹原！
どうだ？新しい仕事は慣れたか？
はっはいおかげさまで
松つぁんにムチャ振りされたら俺に言うんだぞ
なんなら俺んとこに……
おい！

ったく……
榎本 ちょっと いいか?
なんです 社長?
お前が 伝説の六法全書を 引き抜いてから ちょうど1年だし
お前にこいつを 渡しておこうと 思ってな
えっ? なんですか?
今回はお前に だいぶ世話に なったからな
ほんの 気持ちだ
あっ ありがとう ございます!
ガサ…
――って
なんですか これー?
ドン
最新版の 六法全書だ
これからも 伝説を引き継いで いってくれ!
伝説って なんですか!
いい顔で わけのわからないこと 言わないでください!

はあ
がっくり
どうせなら高級レストラン招待券とかのほうがよかったのに
榎本くんらしいわね
くすっ
あ 清浦さん……
これからもよろしくお願いします
はい！

## ■著者プロフィール

【編著】

### 共永総合法律グループ

共永総合法律グループは、弁護士、弁理士、司法書士、社会保険労務士の法律専門士業が各複数、および経営コンサルティング企業が一体となって活動し、総合的な法務ソリューションをご提供するグループ。高度な専門性が求められつつ、一方で全体的な経営戦略を考慮した総合的・包括的なソリューションの提供を併せ求められる昨今の企業法務において、真のワンストップ法務ソリューションを提供している。http://kyoei-legal.jp

【企画】

### 株式会社コミックウェア

「届くイメージ。ココロに伝わるコンテンツ。」をスローガンとして、士業やコンサルタントの専門知識・ノウハウや、企業の商品・サービスのソリューションを解説するマンガコンテンツ、映像コンテンツを制作している。共永総合法律グループに属する曽利社会保険労務士が代表取締役を務める。http://www.comicware.co.jp

【ストーリー制作】

### うぐいすもち

マンガ制作ソフト『コミＰｏ！』を発売と同時に購入、以降コミＰｏ！を使ったイラストやマンガ、３Ｄモデルなどを発表している。現在は主にＷｅｂ媒体を中心に、コミＰｏ！の強みを生かした新しいマンガ表現を目指して活動中。作品は学園もの、ラブコメもの以外にもＳＦや日常ものなどいろいろ。コミＰｏ！のマンガコンテストなどで複数の受賞歴あり。

【総監修／エピソード4解説／エピソード5解説／エピソード7解説】

**弁護士・弁理士・司法書士　長谷川《はせがわ》　卓也《たくや》**（竹田・長谷川法律事務所／共永司法書士事務所）

２０００年弁護士登録。２００４年弁理士登録。２０１３年司法書士登録。２００８年長谷川綜合法律事務所（現竹田・長谷川法律事務所）創設。大宮法科大学院大学非常勤講師。著作に『新版増補　すぐに役立つ〔会社業務〕各種契約書のつくり方』『困ったときのくらしの法律知識Q＆A』『Q＆A　事業再生ハンドブック』（いずれも清文社）等。

【エピソード1解説／エピソード1コラム／エピソード3コラム】

**社会保険労務士　長谷川《はせがわ》　安奈《あんな》**（長谷川労務管理事務所）

２０１０年社会保険労務士登録、長谷川労務管理事務所開設。著作に『新版増補　すぐに役立つ〔会社業務〕各種契約書のつくり方』『困ったときのくらしの法律知識Q＆A』（いずれも清文社）。

【エピソード2解説】

**社会保険労務士　曽利《そり》　和彦《かずひこ》**（曽利社会保険労務士事務所）

２００７年社会保険労務士登録。２００９年特定社会保険労務士付記。２０１２年曽利社会保険労務士事務所開設。株式会社コミックウェア代表取締役。著作に『魔法でわかる労働法～間違いだらけの労働現場～』（ハーヴェスト出版）『知らなきゃ損する職場の法律～問題社員と言われないために～』（バレーフィールド）。

【エピソード3解説】

**社会保険労務士　本田《ほんだ》　香織《かおり》**（本田社会保険労務士事務所）

２０１１年社会保険労務士試験合格。２０１２年社会保険労務士事務所開業。

**【エピソード４解説】**

**社会保険労務士　土屋《つちや》　雅子《まさこ》**（土屋労務管理事務所）

１９９５年社会保険労務士試験合格、１９９７年開業。特定社会保険労務士。東京労働局労働基準部賃金課相談員。中小企業福祉事業団幹事社労士。著作に『会社総務の書式／様式集』『労働・社会保険の書式・手続き完全マニュアル』『給与計算マニュアル』『人事・労務ビジネスフォーム全書』（いずれも日本法令）。

**【エピソード５解説】**

**司法書士　千野《ちの》　隆二《りゅうじ》**（千野隆二司法書士事務所）

２０００年司法書士登録、千野隆二司法書士事務所開設。簡裁訴訟代理等関係業務認定。２０１１年から２０１３年まで日本司法書士会連合会 高齢者と障害者の権利擁護委員会 委員長。２０１１年から東京司法書士会理事。

**【エピソード６解説】**

**弁護士　服部《はっとり》　謙太朗《けんたろう》**（竹田・長谷川法律事務所）

２００７年弁護士登録。著作「ＪＰドメイン紛争において、中立人の有する商標権が著名であるからといって直ちに商標権者を保護すべきでないとした裁定例」（パテント第63巻1号）「改造後多機能型製品と間接侵害の成否」（中山信弘ほか4名編『竹田稔先生傘寿記念　知財立国の発展へ』）等。

**【エピソード７解説】**

**中村《なかむら》　裕紀《ひろき》**（株式会社ＦＡＳコンサルティング代表取締役）

株式会社ＦＡＳコンサルティングは、共永総合法律グループの一員のコンサルティング会社。各士業と連携をとりながら、Ｍ＆Ａ・企業組織再編・資本市場へのアクセス支援など、全体的な経営戦略を考慮した総合的・包括的なソリューションを提供している。http://kyoei-legal.jp/takedalawoffice/fas.html

社長《しゃちょう》、本当《ほんとう》にぼくが法務《ほうむ》ですか？

マンガで身《み》につく企業法務《きぎょうほうむ》（労務《ろうむ》・組織《そしき》）入門《にゅうもん》

2015年3月25日　発行

編著者　共永総合法律《きょうえいそうごうほうりつ》グループ　Ⓒ

発行者　小泉 定裕

発行所　株式会社 清文社

東京都千代田区内神田1-6-6（MIFビル）
〒101-0047　電話03(6273)7946　FAX 03(3518)0299
大阪市北区天神橋2丁目北2-6（大和南森町ビル）
〒530-0041　電話06(6135)4050　FAX 06(6135)4059
URL　http://www.skattsei.co.jp/

印刷：㈱光邦




■本書の内容に関するお問い合わせは編集部までFAX（03-3518-8864）でお願いします。

ISBN978-4-433-54064-7